陈志宏◎编著

青春励志系列

名言

聆听智者的 声 音

延边大学出版社

图书在版编目（CIP）数据

名言：聆听智者的声音 / 陈志宏编著 . — 延吉：
延边大学出版社，2012.6（2021.10 重印）
（青春励志）
ISBN 978-7-5634-4859-3

Ⅰ . ①名… Ⅱ . ①陈… Ⅲ . ①格言—世界—青年读物
Ⅳ . ① H033-49

中国版本图书馆 CIP 数据核字 (2012) 第 115139 号

名言：聆听智者的声音

编　　著：陈志宏
责任编辑：林景浩
封面设计：映像视觉
出版发行：延边大学出版社
社　　址：吉林省延吉市公园路 977 号　邮编：133002
电　　话：0433-2732435 传真：0433-2732434
网　　址：http://www.ydcbs.com
印　　刷：三河市同力彩印有限公司
开　　本：16K 165 毫米 ×230 毫米
印　　张：12 印张
字　　数：200 千字
版　　次：2012 年 6 月第 1 版
印　　次：2021 年 10 月第 3 次印刷
书　　号：ISBN 978-7-5634-4859-3
定　　价：38.00 元

前　言

千百年来，名人名言凝练了名人的人生智慧，富含生活的哲理，以它特有的寓意启迪着我们的人生。它能在喧嚣之中慰藉我们的心灵，在茫茫人生之中为我们指路引航。这些精炼而富有哲理的语言，不仅是人生宝贵经验的总结，也是人类精神领域的重要财富，在世界人类文明史上占据着独特的地位。

此书中选收古今中外流传广、影响大的名言千余条，内容涵盖人生、命运、心态、健康、品格、修养等多个方面的名人名言及其相对应的故事，旨在帮助广大青少年在人生的最关键时期做出正确的选择，并沿着成功者的足迹努力前行。

我们相信，通过阅读本书不仅能激发读者对美好生活的渴望，破解读者在人生旅途中的迷惘；还能拓宽读者的知识面，提高道德修养和运用语言的能力。希望它能成为您人生路上的知心朋友。

目 录

第一篇

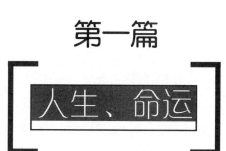

人生、命运

地球上一切美丽的东西都来源于太阳,而一切美好的东西都来源于人。

——普利什文

人是万事万物的中心,是世界之轴。

——培根

怀疑与信仰,两者都是必需的。怀疑能把昨天的信仰摧毁,替明天的信仰开路。

——［法］罗曼·罗兰

没有信仰,则没有名副其实的品行和生命;没有信仰,则没有名副其实的国土。

——［美］惠特曼

信仰是没有国土和语言界限的,凡是拥护真理的人,就是兄弟和朋友。

——［德］亨利希·曼

信仰,是人们所必需的。什么也不信的人不会有幸福。

——［法］雨果

记住:人们的生活动力是思想信仰和社会利益。

——［苏］索尔仁尼琴

信仰是心中的绿洲,思想的骆驼队是永远走不到的。

——［黎］纪伯伦

通向真正信仰的道路,是要经过无信仰的沙漠才会达到的。

——［苏］高尔基

对神圣事业的信仰在很大程度上可以替代我们对自己失去的信心。

——［英］霍弗

没有信仰的人如同盲人。

——［英］弥尔顿

失去信仰比失去家产更严重，因为家产尚可复得，而信仰不可重立。

——［美］狄金森

智慧是做事用的，对于灵魂来说，靠的是信仰。

——［苏］高尔基

你有信仰就年轻，疑惑就年老；有自信就年轻，畏惧就年老；有希望就年轻，绝望就年老；岁月使你皮肤起皱，但是失去了热忱，就损伤了灵魂。

——［美］卡耐基

我们生来就有信仰。一个有信仰的人就像一棵会结苹果的树。

——［美］爱默生

信仰比理智更有才华。

——［英］菲·贝利

物质的繁荣，我们需要；意识的崇高，我们坚持。

——［法］雨果

完成大事业的前提是，你必须胸怀梦想，并配合以祷告、工作，这二者就像是梦想的手和足一样。

——［美］唐拉德·希尔顿

故事连接

希尔顿一生做过许多梦，可以说他的事业就是寻梦的历程。从绅士梦、银行家梦，到跻身饭店业后的饭店大王梦，他那充满想象力的梦想成了他行动的先导。随着事业的发展，希尔顿的梦想也越来越多，并最终把一个个美梦变为现实。

唐拉德·希尔顿，出生在新墨西哥州一个荒凉的小镇上，父母为了抚养8个子女，工作得非常辛苦。对童年的希尔顿而言，世界上有一星期工作4天这回事是不可思议的，工作才是最快乐的，父亲的这种精神深深渗透在他心里。

在父亲的辛苦工作下，希尔顿的家境开始略有好转。6岁那年，父亲因为卖掉了煤矿，得到了11万美元，成为当地富豪之一，全家人都开始过起了好日子，希尔顿也开始上学，做起了绅士的美梦。

可惜这个好梦没做多久，就被经济危机打破了，希尔顿全家人再次回到了新墨西哥那个家，一切从零开始。为了摆脱危机，他们腾空房子开办了"家庭式旅馆"。父亲当总管，母亲做饭菜，而希尔顿和弟弟卡尔，责无旁贷地担负起揽客的任务，也就是到火车站去等车接客人。"在寒冷的冬天，一夜之间从被窝里爬起来两次，冒着刺骨的冷风到车站去等客人，这种痛苦的滋味，在我心灵上留下永难忘怀的烙印，"希尔顿后来坦白地说，"当时我对旅馆生意产生了很恶劣的印象。"除了接火车之外，希尔顿还要做其他杂务工作，如照顾客人吃饭，替客人喂马洗车等。

1917年，希尔顿应征入伍。军旅生涯使他的眼界开阔了，希尔顿决定走出家乡，创立自己的事业。这一年，他32岁。希尔顿本想做一个银行家，无奈处处碰壁。这时恰逢石油事业起步，希尔顿想试试运气。不料在旅馆投宿的时候，希尔顿发现旅馆门厅里的人就像沙丁鱼似的，争抢着往柜台挤，当他好不容易挤到柜台前，服务员却把登记簿"啪"地一合，高声喊道："客满了！"

希尔顿憋了一肚子气，问那个正在驱赶旅客的人："你是这家旅馆的主人吗？"对方看了他一眼，随即诉起苦来："是的。我在这个鬼地方已经待够了，赚不到钱不说，还被困住，不如去干石油。任何人出5万美元，今晚就可以拥有这儿的一切，包括我的床。"旅店老板似乎下定了卖店的决心。

希尔顿仔细查阅了这家旅馆的账簿，经过一番讨价还价，3个小时后，以4万美元买下了这家名叫"毛比来"的旅店。"毛比来"是个小旅馆，往往因为客人过多而无法安排住宿。希尔顿经过不断思考和摸索，把餐厅隔成一个个小房间，增加了20多个床位。还把大厅的一角辟为小杂货铺，一下子就给旅馆增加了一笔可观的收入。希尔顿由此悟出了经营旅馆业的第一个原则，即"装箱技巧"，也就是他后来称之为"探索黄金"的原则，意思是要使旅馆的每一尺地方都产生出金子来。

在接下来的几年里，希尔顿对二手饭店产生了浓厚的兴趣，先后买下

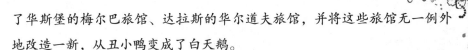

了华斯堡的梅尔巴旅馆、达拉斯的华尔道夫旅馆，并将这些旅馆无一例外地改造一新，从丑小鸭变成了白天鹅。

就这样，希尔顿一步步实现了他独霸旅馆业的美梦，成了名副其实的美国旅馆业大王。这时，他的目光已超出了美国，而放眼世界旅馆事业，成立了国际希尔顿旅馆有限公司，将他的旅馆王国扩展到世界各地。在伊斯坦布尔、柏林、伦敦、东京、罗马、雅典、曼谷、香港……一座座希尔顿饭店巍然耸立。除南极之外，几乎世界各地都有希尔顿的饭店。

女人是抽出亚当的一根肋骨造成的，她靠近他的胳膊以求保护，靠近他的心以求爱情。

——［英］亨利

永恒的女性把我们引向高尚的境界。

——［德］歌德

男人能记住恋人的生日，却说不出母亲的岁数。

——［法］彼德

女人总是重大事件的起因。

——［法］拜尔

造物主创造男人的时候，其身份是校长——他的袋子里装满了戒律和原则；可他创造女人的时候，却辞去了校长的职务，变成了艺术家，手里只拿着一支画笔和一盒颜料。

——［印度］泰戈尔

丢开一个薄幸的男子，要像丢开一只掉了跟的破鞋子一样，因为他使你摔了一跤。

——［法］泰纳

男人与女人的区别是：女人越是上了年纪，越是热衷于女人的事务；男人越是上了年纪，越是从女人的事务中退却。

——［俄］契诃夫

血缘的召唤只有对母亲才是强有力的。对男人而言，他们真正的儿子是他们的精神产品。

——［法］蒙代尔朗

女人使坏时，什么也比不上她坏；女人发善心时，什么也比不上她好。

——［古希腊］欧里庇得斯

如能投入女人的怀抱而不是投入她们的掌握之中，女人就是迷人的。

——［美］安·比尔斯

就像音乐不应该让人知道它作于何时一样，女人不应该让人知道年龄。

——［英］哥尔德司密斯

男人的年龄由自己来感觉，女人的年龄由别人来感觉。

——［英］柯林斯

男人在学问上相轻与女人在美貌上互妒不相上下。

——［法］迪芳

人类的天性如此奇妙：总是最乐意把爱慕奉送给那些最不稀罕它的人。

——［法］罗素

最使女人欣慰的是挫伤男人的自负，最使男人欣慰的是满足女人的自负。

——［爱尔兰］萧伯纳

生活，就是求知。

——［苏］高尔基

我一生的嗜好，除了革命之外，只有好读书，我一天不读书，便不能生活。

——［中］孙中山

一个人的知识越多，就越有价值。

——［英］罗伯特

在信息经济社会里，价值的增长不是通过劳动，而是通过知识实现的。

——［美］奈斯比特

人不能像走兽那样活着，应该追求知识和美德。

——［意］但丁

知识是集无数思想与经验之大成的东西。

——［美］爱默生

知之者，不如好之者；好之者，不如乐之者。

——［春秋］孔子

知之为知之，不知为不知，是知也。

——［春秋］孔子

知而好问然后能才。

——［战国］荀子

生也有涯，知也无涯。

——［战国］庄子

知人无务，不若愚而好学。

——［汉］刘安

非学无以广才，非志无以成学。

——［三国］诸葛亮

人生处万类，知识最为贤。

——［唐］韩愈

耳有所闻，不学而不如聋；目有所见，不学而不如盲。

——［唐］马总

穷不忘道，老而能学。

——［宋］苏轼

有所不为，为无不果；有所不学，学无不成。

——［宋］王安石

学而不止，高而愈下。

——［宋］欧阳修

知之必好之，好之必求之，求之必得之。

——［宋］朱熹

人之知识，若登梯然，进一级，则所见愈广。

——［宋］陆九渊

学有浅深，则行有远近，此进学之效也。

——［宋］杨时

获一义胜珍珠船，剖一疑如桶脱底。

——［清］袁枚

才智英敏者，宜加浑厚学问。

——［清］申居郧

圣人之所以为圣也，只是好学下问。

——［清］张伯行

如果你掌握了知识，那就要让别人利用你们的知识去点燃他们自己的灯盏。

——［英］富勒

知识像烛光，能照亮一个人，也能照亮无数的人。

——［英］培根

知识永远战胜愚昧。

——［中］李大钊

一个人的命运掌握在自己的手中。

——［英］培根

每个人是自己命运的建筑师。

——［古罗马］塞勒斯特

人的命运就操在自己的手里。

——［法］萨特

命运是性格。

——［美］辛格

人的性格，就是他的命运。

——［古希腊］赫拉克利特

命运是一个善良的女神，她不愿让小人永远得志。

——［英］莎士比亚

智慧是命运的一部分,一个人所遭遇的外界环境是会影响他的头脑的。

——［英］莎士比亚

命运是机会的影子。

——［古希腊］苏格拉底

机会是注意力的产物。

——［英］洛震

命运如同市场。如果老待在那里,价格多半是会下跌。

——［英］培根

持恒的命运屈服于多变的机运。

——［英］弥尔顿

向命运大声叫骂又有什么用呢,命运是聋子。

——［古希腊］欧里庇得斯

到了老年,命运只不过是自己做过的蠢事的历史。

——［苏］格拉宁

命运——这是暴君作恶的权力,也是傻瓜失败的借口。

——［美］安·比尔斯

人应当像人,不要成为傀儡,尽受反复无常的命运的支配。

——［意］裴多菲

运气是镜子,照得最明亮时便碎了。

——［法］蒙田

命运引导我们,而又嘲弄我们。

——［法］伏尔泰

人的命运是多么难以捉摸!它可以被纯粹几小时内发生的事情毁灭,也可以因几小时内发生的事情而得到拯救。

——［美］欧文·斯通

命运是一件很不可思议的东西。虽人各有志,但往往在实现理想时,会遭遇到许多困难,反而会使自己走向与志趣相反的路,而一举成功。

——［日］松下幸之助

命运害怕勇敢的人，而专去欺负胆小鬼。

——［古罗马］塞涅卡

敢于冲撞命运才是天才。

——［法］雨果

所谓活着的人，就是不断挑战的人，不断攀登命运峻峰的人。

——［法］蒙田

现在和未来，只有自己来设计，不能依靠别人来塑造。

——［中］汪朗

 故事连接

汪朗在上小学一年级的时候，父亲汪曾祺被打成右派下放到农村去了。母亲工作经常要出差，一去就是半个多月，汪朗和两个妹妹就不得不在单位食堂解决生活了。还不会写字的汪朗，每天用汉语拼音给父亲写一封信，父亲便也用汉语拼音给他回信。

直到汪朗上了初中，父亲才得以回家。对于这么多年亏欠子女的爱和教育，母亲总是想方设法弥补，而父亲却并不操心，似乎也不想补救什么。

等到汪朗上了大学，母亲开始督促父亲，让他教儿子写写东西。按说子承父业应该是每个父亲的心愿，但汪曾祺却不以为然："那要看他有没有天分，是不是嗑这棵树的虫了。"

汪朗知道，一切都要靠自己了。现在和未来，只有靠自己设计，父亲是不会替他塑造的。

父亲的眼光是很高的，他曾说，中国真正从事文学写作的只有两个人：鲁迅和沈从文。有一次，一位自我感觉良好的作家来拜访父亲，呈上了自己的作品。父亲是一个不说人坏话、却也不会违心说好话的人，对那篇作品始终未置一词。客人走后，父亲还是说了那句老话："他就不是嗑这棵树的虫子。"

汪朗想，父亲大概也觉得自己不是这只虫子，否则怎么不辅导自己呢？

大学四年，父亲只看过自己写的一篇小说，看完后也是不加任何评论，只说："你应该在结尾加三个字：他妈的，因为主人公当时心里会这样想。"工作以后，汪朗也很少把自己的作品拿给父亲看，因为父亲最多只说两个字：不错。

但父亲的不塑造，让汪朗走出了一条属于自己的、坚实的道路。

伟人是个天生的孩子，当他死时，他把他的伟大的孩提时代献给了世界。

——［印度］泰戈尔

真正的伟人往往是平凡的，他们的行为既不做作，也不虚饰。

——克林凯尔

有勇气在自己生活中尝试解决人生新问题的人，正是那些使社会臻于伟大的人！那些仅仅循规蹈矩过活的人，并不是在使社会进步，只是在使社会得以维持下去。

——［印度］泰戈尔

最伟大的人不是轻视日常小事的人，而是对这些事情予以缜密的注意并加以改进的人。

——［英］史迈尔斯

你不能奢望同是伟大的而又是舒适的。

——巴里

壮志与热情是伟业的辅翼。

——［德］歌德

崇高就是伟大心灵的回声。

——［古罗马］郎加纳斯

一个伟大的人有两颗心：一颗心流血，另一颗心宽容。

——［黎］纪伯伦

没有单纯、善良和真实，就没有伟大。

——［俄］列夫·托尔斯泰

人类把历史看成战斗的连续，为什么呢，因为直到今天，他们还认为斗争是人生的主要东西。

——［俄］契诃夫

人在他的历史中表现不出他自己，他在历史中奋斗着露出头角。

——［印度］泰戈尔

只有这样的人才配生活和自由，假如他每天为之而奋斗。

——［德］歌德

用一只干净的手和一颗纯洁的心去战斗，用自己的生命发扬神圣的正义，这真是优美的事情。

——［法］罗曼·罗兰

我们不能控制生活，但是我们能够和它斗争。

——［英］高尔斯华绥

凡是能冲上去、能散发出来的焰火，都是美丽的。

——［丹麦］安徒生

生活就是行动，而行动就是斗争。

——［俄］别林斯基

后悔过去，不如奋斗将来。

——［德］马克思

做你所应做的事情，能有什么结果则在其次。

——［英］赫伯特

如果斗争是在极顺利的成功机会的条件下才着手进行，那么创造世界历史未免就太容易了。

——［德］马克思

三军可夺帅也，匹夫不可夺志也。

——孔丘

对我来说，最好的休息就是工作。

——［俄］门捷列夫

门捷列夫出生不久，父亲就因失明而被迫退休，一家人的生活就靠母亲经营一家小玻璃厂来维持。中学毕业的时候，父亲去世了，全家赖以维生的玻璃厂，也在一场大火中化为灰烬。

为了让门捷列夫进入著名的莫斯科大学深造，母亲变卖了剩下的家产。母子二人坐着马车，跋涉了2000多公里来到莫斯科求学。可是，由于门捷列夫来自遥远的西伯利亚，又不是什么贵族子弟，学校将他拒之门外。母亲又带着儿子来到彼得堡，大学还是以相同的原因不肯接受这个学生。门捷列夫于是打算考取公立学校，当他好不容易考上了医学外科学校后，却因为看到尸体就会昏倒而被送了回去。无奈，母亲找到父亲生前朋友帮忙，终于让门捷列夫进了父亲的母校——彼得堡中央师范学校，学习自然科学。

看到儿子上了大学，母亲感到了却了心愿，不久就一病不起。临终前，母亲将儿子叫到床前，叮嘱他说："不要欺骗自己，要辛勤劳动、不懈寻求。"说完便与世长辞了。

举目无亲又一贫如洗的门捷列夫从此发奋学习，22岁便被破格任命为彼得堡大学的化学讲师，34岁便绘成了第一张元素周期表。

由于长期过度辛劳的工作，门捷列夫视力严重衰退，几乎看不见东西。在他去世前的几个星期，身患重病却依然参加工作，讨论乘飞艇到北极探险的计划。姐姐实在看不下去了，心疼地说："你这一辈子工作得够多了，怎么就不能休息一下？"可门捷列夫却回答道："对我来说，最好的休息就是工作。不能辜负母亲的教诲呀！"

几天后，门捷列夫在书桌前溘然长逝。

人生欲求安全，当有五要：一、清洁空气；二、澄清饮水；三、流通沟渠；四、扫洒屋宇；五、日光充足。

——［英］南丁格尔

身体健康，起居有节，能延年益寿。生命没有节制，往往缩短生命。

——［西班牙］塞万提斯

休息乃劳动者之妙药。

——彼得拉克

平平静静地吃粗茶淡饭，胜于提心吊胆地吃大鱼大肉。

——［希腊］伊索

早眠早起，使人健康、富有而明智。

——［美］富兰克林

正视疾病，勇于忍受的人，将变得更坚强、壮大。

——［瑞士］希尔泰

忧伤能伤人，绿鬓变霜鬓。

——［中］李白

沉忧损性灵，服药亦枯槁。

——［中］孟郊

愁入心头一寸热，愁转肠中肠九折。

——［清］孔尚任

愁与发相形，一愁白数茎。

——［中］孟郊

壮志因愁减，衰容与病俱。

——［中］白居易

多思则神殆，多念则智散，多欲则智昏，多干则劳形。

——［中］孙思邈

睡侧而屈，觉正面伸，早晚以时，先睡心，后睡眼。

——［南宋］蔡季通

少睡眠则神自澄。

——［明］王阳明

能使愚蠢的人学会一点东西的，并不是言辞，而是厄运。

——［希腊］德谟克利特

在命运的颠沛中，最容易看出一个人的气节。

——［英］莎士比亚

怜悯是一个人遭受厄运而引起的，恐惧是这个遭受厄运的人与我们相似而引起的。

——［希腊］亚里士多德

卓越的人的一大优点是：在不利和艰难的遭遇里百折不挠。

——［德］贝多芬

每一种挫折或不利的突变，是带着同样或较大的有利的种子。

——［美］爱默生

灾难是真理的第一程。

——［英］拜伦

奇迹多是在厄运中出现的。

——［英］培根

逆运不就是性格的试金石吗？

——［法］巴尔扎克

并不是每一种灾难都是祸，早临的逆境往往是福。

——夏普

顺境使我们的精力闲散无用，使我们感觉不到自己的力量，但是障碍却唤醒这种力量而加以运用。

——［英］休谟

没有哪一个聪明人会否认痛苦与忧愁的锻炼的价值。

——［英］赫胥黎

执著和坚毅，是人格力量，也是物质力量。

——［日］藤田田

故事连接

1965年，藤田田从早稻田大学经济系毕业，开始到一家电器公司打工。1971年，藤田田得知美国的麦当劳连锁集团进驻日本，便想投资到这个新兴的产业里去。

麦当劳是闻名全球的食品连锁企业，采用的经营模式是特许连锁，要想加入其中，取得特许经营的资格，需要具备相当的经济实力——75万美元的现款和一家中等规模以上银行信用的支持。

当时，藤田田的存款只有不到5万美元，七拼八凑，也只凑到9万美元，离75万的天文数字，实在是相差太远了。然而，藤田田不甘心就这样放弃，他决意知难而上。

一天早上，藤田田走入了住友银行总裁的办公室，以极其诚恳的态度，表达了自己的创业计划和求助心愿。银行总裁很耐心地听藤田田说完，然后礼貌地回答："请你回去吧，我要考虑一下。"

藤田田知道，这句话是委婉的拒绝，但他还是大胆地又提出了一个请求："我还想告诉您我是怎样存了5万美元的，您愿意听吗？"总裁再次看了看这个年轻人，心想这么半天都听了，不在乎多听两分钟，就说："可以。"

藤田田说道："那是我工作6年来每月存款的收获。6年里，我每月坚持存下工资的三分之一，雷打不动，从没间断。6年里，有无数次面对开销紧张和手痒难耐，但我都咬紧牙关、克制欲望挺了过来。即使有时候碰到意外情况需要额外用钱，我也照存不误，甚至不惜厚着脸皮去借钱，也要坚持每月存款。因为我在毕业那天曾经立下宏愿：以10年为期，存够10万美元，然后开创自己的事业。现在有一个好的机会，我不愿意放弃，请您一定要帮助我！"

藤田田一口气讲下来，让总裁听得表情严肃，他向藤田田问明了他存钱的银行的地址，然后说："今天下午，我会给你一个答复。"

藤田田走后，总裁亲自来到那家银行，了解藤田田所说的是不是事实。柜台小姐在了解了总裁的来意后，说道："哦，是藤田田先生啊，我知道他。他是我见过的最有毅力的年轻人，还非常懂礼貌。他6年来每月都来存钱，从没间断过一次。这么严谨的人，我真是佩服得五体投地了！"

听完柜台小姐的介绍，总裁马上打通了藤田田的电话，告诉他：住友银行将无条件支持他的创业计划。总裁在电话里感慨万千，说道："年轻人，

我今年58岁，论年龄是你的两倍，论收入是你的30倍，可论存款，你却比我多！我相信你会有出息的，好好干吧！"

就这样，藤田田开始了他的日本麦当劳之旅。谁说执著和坚毅的品格只是人格力量？在商品社会中，这种力量一样能融到资，变为物质力量。

用自己做镜子来映照自己，这样才能发现真实的自我。拿别人来做镜子，白痴或许会把自己照成天才。

——［德］爱因斯坦

 **故事连接**

童年的爱因斯坦十分贪玩，父母对此忧心忡忡，再三的告诫对爱因斯坦来说如同耳旁风，因为他觉得自己身边的朋友和自己一样，都是些调皮捣蛋的家伙，照样过得十分愉快。

一个秋天的午后，爱因斯坦打算去河边钓鱼，还没出家门，就看见父亲笑呵呵地进了门，好像碰到了什么特别可笑的事情似的。

"怎么了爸爸？你看上去就像是捡到了金子。"爱因斯坦问。

"我和你杰克大叔去清扫南边工厂的一个大烟囱。那烟囱只有踩着里面的钢筋踏梯才能上去。杰克大叔在前面，我在后面。我们抓住扶手，好不容易一阶、一阶地爬上去了。下来时，你杰克大叔依旧走在前面，我还是走在后面。等钻出烟囱一看，我发现你杰克大叔的后背、脸上全都被烟囱里的烟灰蹭黑了，而我身上竟然连一点烟灰也没有。"

爱因斯坦的父亲继续微笑着说："我看见你杰克大叔的模样，心想我肯定和他一样，脸脏得像个小丑，于是我就到附近的小河里去洗。你杰克大叔呢，他看见我钻出烟囱时干干净净的，就以为他也和我一样干净呢，只洗了洗手就大模大样地上街了。结果街上的人都笑疯了，以为你杰克大叔是个傻子呢。"

听到这儿，爱因斯坦也忍不住笑起来，边笑边说："杰克大叔这回可是闹了个大笑话！"

而此时，父亲却渐渐收起了笑容，他盯着儿子的脸看着，一字一顿地说："其实我们都闹了笑话，这是因为我们把对方当成了镜子。你也不要嘲笑我们，你不是也把我们的话当作耳边风，天天把身边的朋友当作自己的镜子吗？"

父亲这句话顿时让爱因斯坦满脸通红，是啊，自己不就是杰克大叔的翻版吗？时时刻刻拿其他调皮的孩子做镜子，从没有好好地审视过自身。父亲说得对，别人谁也不能做自己的镜子，只有自己才是自己的镜子。拿别人来做镜子，白痴或许会把自己照成天才！

爱因斯坦想，是时候离开那群顽皮的家伙了，应该用自己做镜子来映照自己，这样才能发现真实的自我。

生活赋予我们一种巨大的和无限高贵的礼品，这就是青春。

——［苏］奥斯特洛夫斯基

青春是一个普通的名词，它是幸福美好的，但它也充满着艰苦的磨炼。

——［苏］高尔基

青春是有限的，智慧是无穷的；趁短短的青春，去学习无穷的智慧。

——［苏］高尔基

青春这玩意儿真是妙不可言，外部放射出红色的光辉，内部却什么也感觉不到。

——［法］萨特

岁月如流水，不断地逝去却又源源而来，唯有青春一去不复返。

——［挪威］易卜生

青春是美丽的，但一个人的青春可以平淡无奇，也可以放射出英雄的火花；可以因虚度而懊恼，也可以用结结实实的步子走向光辉壮丽的成年。

——［中］魏巍

让老年人的智慧来指导青年人的朝气，让青年人的朝气来支持老年人的智慧。

——［苏］斯坦尼斯拉夫斯基

青春是美妙的，挥霍青春就是犯罪。

——［爱尔兰］萧伯纳

无所事事——对一个感情热烈的年轻人是很大的危险。

——［俄］车尔尼雪夫斯基

真正的青春，贞洁的妙龄的青春，全身充满了新鲜血液，体态轻盈而不可侵犯的青春，这个时期只有几个月。

——［法］罗丹

在青春的世界里，沙粒要变成珍珠，石头要化做黄金……

——［中］郭小川

要做一番伟大的事业，总得在青年时开始。

——［德］歌德

创造一切非凡事物的那种神圣的爽朗精神，总是同青年时代的创造力联系在一起。

——［德］歌德

标志时代的最灵敏的晴雨表是青年人。

——［法］罗曼·罗兰

青春和活力是属于孩子们的，他们享受着整个世界的友善和偏爱。

——［法］蒙田

自信和希望是青年的特权。

——［法］大仲马

有经验的老人行事令人放心，而青年人的干劲则鼓舞人心。如果说，老人的经验是可贵的，那么青年人的纯真则是崇高的。

——［英］培根

一个正在顺着生活规律挺进的青年，首先应该注意自己的才能和愿望要与事业相衡。

——［英］培根

一个人年轻的时候年轻，固然有福，可是把自己的青春保持到进入坟墓为止，那就更加百倍地有福。

——［俄］契诃夫

所谓青春，就是心理的年轻。

——［日］松下幸之助

青春的美丽与珍贵，就在于它的无邪与无瑕，在于它的可遇而不可求，在于它的永不重回。

——［中］席慕蓉

迟到的青春是持久的青春。

——［德］尼采

青春是为一生奠定基础的时期。

——［日］池田大作

青春是人生之花，是生命的自然表现。

——［日］池田大作

青年的朝气，是社会可宝贵的东西，没有它不能前进；老年人的经验、持重，也是宝贵的东西，没有它，社会没有基础。

——［中］谢觉哉

青春的精神是点铁成金的奇异的宝石。

——［印度］泰戈尔

即便青春是一种错误，也是一种迅速得到纠正的错误。

——［德］歌德

青年人必须有本领，头脑清醒，精力饱满，还要意志坚定，秉性善良。

——［德］歌德

春天是自然界一年里的新生季节，而人生的新生季节，就是一生只有一度的青春。

——［罗马］西塞罗

要爱惜自己的青春！世界上再没有比青春更美好的了，再没有比青春更珍贵的了！

——［苏］高尔基

青春如初春，如朝日，如百卉之萌动，如利刃之新发于硎，人生最宝贵之叫期也。青春之于社会，犹新鲜活泼细胞之在身。

——［中］陈独秀

一个人不论活多大年纪，最初的二十年是他一中最长的一半。

——［波斯］萨迪

每一种新的认识都可以使年轻人精神振奋，只要一旦受到某种感情的鼓舞，他就可以从中取之不尽，这正是青春的意义。

——［奥地利］茨威格

人生的最大悲痛莫过于辜负青春。

——［意］薄伽丘

青春之所以幸福，就因为它有前途。

——［俄］果戈理

青春在人的一生中只有一次。而青春时期比任何时期都更强盛美好。因此千万不要使自己的精神僵化，而要把青春保持永久。

——［俄］别林斯基

啊，青春，青春!或许你美妙的全部奥秘不在于能够做出一切，而在于希望做出一切。

——［俄］屠格涅夫

谁虚度年华，青春就要褪色，生命就会抛弃他们。

——［法］雨果

让青春反抗老朽，长发反抗秃头，热情反抗陈腐，未来反抗往昔，这是多么自然!

——［法］雨果

我们的一切损失均可补救，我们的任何痛苦都可安慰，但当青春之作别的时候，它从我们心上把一些东西带走，并且永远也不会回头。

——［美］桑塔亚那

人类的历史在显示出事实之前，通常会在生命的最深处发出预告，而测量天候的最敏感指标，便是青春。

——［法］罗曼·罗兰

生命的黎明是乐园，青春才是真正的天堂。

——［英］华兹华斯

希望你们年轻的一代，也能像蜡烛为人照明那样，有一分热，发一分光，忠诚而踏实地为人类伟人的事业贡献自己的力量。

——［英］法拉第

青年时犯错误，成年时同错误进行斗争，老年时为错误而惋惜。

——［英］迪斯累里

眼中含泪，就看不清未来。

——［美］威尔玛·曼基勒

故事连接

1978年，还在上研究生院的威尔玛·曼基勒遭遇了一场可怕的车祸：两辆车相撞，另一辆车的司机是曼基勒的好友，她死了；而曼基勒在医院里待了好几个月，她再也不能走路了。

失去了朋友，丧失了健康，曼基勒悲痛万分。未来的日子那么长，自己的抱负还没有实现，难道就要这样告别一切？

此时的曼基勒，迫切想找到摆脱困境的方法，希望看见生活的希望。既然自己活了下来，就有责任充实地度过余下的人生。为了实现这个目标，曼基勒开始大量读书，她意识到，只有知识才能帮助自己，一味自怨自艾无济于事。

在车祸发生之前，曼基勒曾经参加过为土著印第安人争取权益的活动。在轮椅上思考了四年后，曼基勒将经验用在了政治活动中，她在选举中获胜，成为切罗基部落副首领，这是这个部落有史以来女性达到的最高位置。又过了四年，曼基勒成为第一位女首领，并且连任了一次。

选举活动对曼基勒来说可是困难重重，身为女性，她受到了相当大的阻力。但由于她始终保持着清醒的头脑，将部落的未来和与族人休戚相关的事放在最重要的位置，所以最终赢得了胜利。曼基勒回忆说："这要归功于那场车祸和康复时期，我觉得那是因祸得福，因为那是我成长的时期，也是为担任领导工作进行准备的时期。我们族里有一句古老的谚语：眼中含泪，就看不清未来。只有擦干了眼泪，未来才变得清晰起来。"

担任了3届领导职务后，1996年，曼基勒获得了蒙哥马利奖学金，进入达特茅斯学院学习。这时，重挫再次袭来，曼基勒被检查出患了系统非霍奇金淋巴瘤，已经是第二期了。曼基勒不得不第二次长住医院。

治疗是痛苦的，这期间的曼基勒面色苍白，秃顶，时时感到恶心。虽然外表是被疾病严重摧残着，但曼基勒的精神却空前健康，她唱歌、弹吉他，不允许一丁点儿消极的念头占据自己的大脑。曼基勒明白，如果自己处于消极的思想：状态，活着也等于是死了。

眼中含泪就看不清未来，那么只要看到积极的一面，就有可能实现任何目标。睁大不流泪的双眼，满怀着信念、希望和乐观的情绪，才能盼望未来的降临。

赢得时间，就是赢得一切。

——［德］马克思

时间就是生命，时间就是金钱。

——［美］富兰克林

时间是一刻千金。

——［英］狄更斯

美国人之说，时间就是金钱；但我想想：时间就是性命。无端地空耗别人的时间，其实是无异于谋财害命的。

——［中］鲁迅

时间对于谁都是奔着走的。

——［英］莎士比亚

钱是宝贵的，人的生命更宝贵，但最宝贵的是时间。

——［俄］苏活洛夫

用"分"来计算时间的人，比用"时"来计算时间的人，时间多

五十九倍。

——［苏］雷巴科夫

时间是一个人可以花费的最有价值的东西。

——［英］泰奥弗拉斯托斯

时间是衡量事业的标准。

——［英］培根

要时间不辜负你，首先你要不辜负时间。

——［中］李大钊

记住吧，只有一个时间是重要的，那就是现在！它所以重要，就是因为它是我们唯一有所作为的时间。

——［俄］列夫·托尔斯泰

昨天唤不回来，明天还不确定，你能确有把握的就是今天。

——［中］李大钊

未来是用现在换来的。

——［美］约翰逊

要迎着晨光实干，不要面对晚霞幻想。

——［美］卡莱尔

"现在"是一切过去的必然结果，也是一切未来的必然起因。

——［美］英格索尔

整个生命是日子的问题，梦想家才会使自己置身虚无飘渺之中，而不去抓住眼前一纵即逝的光阴。

——［法］罗曼·罗兰

一切逝去的时间都是失去的时间；我们正在度过的这一日，一半属于我们自己，另一半属于死亡。

——［古希腊］塞内加

最晦涩难解的时期就是当今。

——［英］斯蒂文森

今天太宝贵，不应该为酸苦的忧虑和辛涩的悔恨所销蚀。把下巴抬高，使思想焕发出光彩，像春阳下跳跃的山泉。抓住今天，它不再回来。

——［美］卡耐基

今日复今日，今日何其少！今日又不为，此事何时了！

——［中］文嘉

只有快乐的人，才珍惜今天，也只有珍惜今天的人，才是快乐的人。

——［英］德莱顿

永远不要把你今天可以做的事留到明天做。延宕是偷光阴的贼，抓住他吧！

——［美］狄更斯

虚度今天，就是毁了昔日成果，丢了来日前程。

——［中］李大钊

在时间的大钟上，只有两个字——现在。

——［英］莎士比亚

当你每天醒来，口袋里便装着24小时的时间，这是属于你自己最宝贵的财产。

——［美］卡耐基夫人

我以为世间最可宝贵的就是"今"，最容易丧失的也是"今"，因为他最容易丧失，所以更觉得他宝贵。

——［中］李大钊

人拥有的东西没有比光阴更贵重、更有价值的了，所以千万不要把你今天所做的事拖延到明天去做。

——［德］贝多芬

我现在的这一分钟是经过了过去数亿分钟才出现的，世上再没有比这一分钟和现在更好。

——［美］惠特曼

忘掉今天的人将被明天忘掉。

——［德］歌德

最宝贵的莫过于"今天"。

——［德］歌德

一个"今天"胜于两个"明天"。

——［美］富兰克林

今是生活，今是动力，今是行为，今是创作。

——［中］李大钊

任何时候都不要把今天应该完成的某一部分工作拖到明天。要培养把明天工作的一部分分在今天完成的习惯。

——［苏］苏霍姆林斯基

时间一点一滴凋谢，犹如蜡烛慢慢燃尽。

——［爱尔兰］叶芝

时间迅疾地飞去——我们多么希望一切事物能与它同飞。

——［德］尼采

时间流逝，像平静的河水，没有一道裂痕，没有一道皱纹，从容不迫，好像永生永世都应该如此。

——［法］罗曼·罗兰

时间能治好忧伤和争执，因为我们在变化，我们不复是原先的人。

——［法］帕斯卡

青春时代是一个短暂的美梦，当你再醒来时，它早已消逝得无影无踪了。

——［英］莎士比亚

所谓明天、明天、明天的日子，在这无聊的人生旅途上，每天都悄然过去，终于到达时间纪录的尽头。

——［英］莎士比亚

河水我们抓不住，时光我们也留不得。

——［美］狄更斯

时间一天天过去，有时觉得它漫长难熬，有时却又感到那么短促；有时愉快幸福，有时又悲伤惆怅。

——［苏］阿·巴巴耶娃

岁月无情不等人。

——［美］马克·吐温

光景不待人，须臾发成丝。

——［中］李白

年年岁岁花相似，岁岁年年人不同。

——［中］刘希夷

多么快呀，"时间"，你这偷盗青春的巧贼，把我二十三年的岁月全放在翅膀上偷走了。

——［英］弥尔顿

世上再没有比时钟更加冷漠的东西了；在您出生的那一刻，在您尽情地摘取幻想的时刻，它都是分秒不差地滴答着。

——［苏］高尔基

我丝毫不为自己的生命简陋而难过。唯一使我感到遗憾的是一天太短了，而且流逝得如此之快。

——［波兰］居里夫人

但悲时易失，四序迭相侵。

——［中］韩愈

没有什么缰绳能勒住飞奔的时日。

——［古罗马］奥维德

许多人也许认为，拥有大量的财富和无限的权力才会幸福，为此他们拼命奋斗，永无止境，他们来不及享受拥有得一切，他们也看不见已经拥有的一切。然而，事实是，我们能够珍惜已经拥有的才是最大的幸福。

——爱密尔·贝克特

智慧不是自发产生的，潜能不会自动地浮出水面。智慧就像燧石，必须经受敲击才能冒出火花。在启发中思索，让一闪即逝的灵感融入智慧的内核，既是对人创新能力的检验，也是对人意志力的检验，亦是对人思维敏感性的检验。善于在启发中思考，在思考中成熟，让智慧变得日益厚重而丰满，让潜能得到最大限度的开发，让激活智慧成为最快乐的事，你的人生就将充满传奇色彩，时时闪烁着炫目的晨光。

——［中］常恕田

这个世界上有太多的诱惑，因为有太多的欲望。有太多的欲望而满足不了就痛苦。一个人要以清醒的心智和从容的步履走过岁月，他就必然学会取与舍。……几十年的人生之旅，会有山有水，有风有雨，人走在山水风雨中，只有学会取舍，才会生活得踏实、轻松、安详、幸福。

但是，如何做到该取则取，该舍则舍？"取"是一种本事，"舍"是一门哲学。没有能力的人，取不足；没有通悟的人，舍不得。只有先取，才有后舍。取多了之后，常得舍弃，才能再取……人当取其所必需，取其所当有，取其所该有，而舍其不能有，舍其不当有，舍其不必有。只有这样，生命才会在"顺当"中度过。

——［中］董玉国

失去是一种痛苦，也是一种幸福，因为失去的同时也在得到。失去了太阳，可以欣赏满天的繁星；失去了绿色，得到了丰硕的金秋；失去了青春岁月，我们走进成熟的人生……生活，需要享受收获的喜悦，也该享受"失去"的乐趣。……如果只感伤失去，那么你就一无所有。有能力享受"失去"的乐趣，才能真正品尝人生的幸福。

——［中］赵建慧

十个指头按不住跳蚤，可是眼下，人们都想十个指头按跳蚤。当上小官又想当大官，一边读学位，一边又考着职称，舍不得名声，又放不下金钱；红苹果啃，青苹果又不扔；看着人家下海成功，也要去试；听说人家炒股发财，也要去买……欲望太多，必心浮气躁……当今之人，太缺乏古人的那种专一、执著的精神了，李白、杜甫一生就写诗；陶潜说放弃，就不再为官；诸葛亮辅主，就绝无二心；徐霞客一生就是行路；曹雪芹一生就想写好一部书；梅兰芳就唱一个"角"；盖叫天就演武生戏。

十个指头都用上，跳蚤反而跑了。

——［中］阮直

生命离不开水，欲望也可谓人皆有之；欲而有节，犹如清茶一杯，其味虽淡，却能滋润心田、滋养生命；而过度的贪欲则是一杯咸水，其味虽浓，却只会越喝越渴、越渴越喝；即使给你一个太平洋，也无法消解那心头之渴。

人生在世，要明白自己需要什么，也要明白自己不需要什么；世间值得喜爱的东西实在太多，面对太多太多的诱惑，明白自己需要什么只是本能，而明白自己不需要什么才是人生的智慧……幸福就常驻在一颗常常感恩、时时惜福的心境里。

——［中］陈文杰

令人失去理智的，是外界的诱惑；而最终耗尽一个人精力的，却往往是他们的贪欲。

——［中］王悦

对于曾经追求不到的东西，该放弃时，就要主动地放弃。否则，只能让自己在泥潭中苦苦挣扎，最终的结果是一无所有而伤心至极。所以，放弃不一定是懦夫的行为……放弃是一种非常明智的选择；放弃能给自己带来放松心情，放弃能使自己压抑的心情高飞；放弃，可以摆脱烦恼和忧愁，给自己一个平静的心态……放弃是一种美丽，放弃是走向生活的另一个起点。

——［中］周运华

前途比现实重要，希望比现在重要。任何时候，都不应该放弃希望，因为它是创造成功、创造未来的"点金石"。亚历山大大帝远征波斯之前，他将所有的财产分给了臣下，其中一个大臣问："陛下，你带什么启程呢？""希望，我只带这一种财宝。"亚历山大回答说。

青年朋友们，人生不能没有希望，无论身陷怎样的逆境，我们都不应该绝望。失望时萌生希望，能使人驱散心中的浓雾，拥抱一片湛蓝的晴空。让我们带着希望生活，活出一个最好的自己。

——［中］张万祥

许多成功者，他们与失败者的区别，往往不是机遇，更不在头脑是否聪明。而只在于成功者多坚持了一刻——有时是一年，有时是半年，有时是一天，有时仅仅只是一遍鸡鸣。

青年朋友们，一定要培养自己的毅力，即使在最困难的时候，也要坚持，而成功有时就在坚持一下之后。

——［中］张万祥

世间的任何事务，只要你执著地追求，你会发现它们的背后都隐藏着副产品。你追求爱情，爱情没得到，结果你成了诗人，诗成了隐藏在爱情背后的副产品。你追求幸福，幸福没得到，结果你成了智者，智慧成了幸福背后的副产品。你追求事业的辉煌，事业还没有达到顶峰，你就成了名人，名气成了事业的副产品。

在这个世界上，对追求者而言，是不存在失败者的……如果你现在是一位正在为梦想奋斗着的人，千万不要停下你的脚步，意外的惊喜，也许明天就会降临。

——［中］刘燕敏

生命其实是一条流淌的河，乱石穿空，惊涛拍岸，卷起千堆雪，是生命中的一种情景；潮平两岸阔，风正一帆悬，也是生命的一种情景。一条河在流淌的过程中，不可能总是前一种风景，也不可能总是后一种风景，它要在总体流量的平衡中才会向前流淌，一直流入大江大海。因此，我们不必顾此失彼，不必刻意追求某一点，从而在这样生命的平衡中，让我们的心态更加从容，让我们的生活更加平和，让我们的人生成为一幅舒展的画卷。

——［中］肖复兴

成功的最佳目标，不是选择最有价值的那个，而是选择最有可能实现的那个。

——［法］贝尔纳

一次，法国的一家报纸进行了一次有奖智力竞赛，题目是：如果法国最大的博物馆罗浮宫失火了，而当时的情况只允许你抢救出一幅画，你会抢哪一幅？

很快，答案就像雪片般飞来，在成千上万份答卷中，最佳答案被评委们一致授予了贝尔纳。

贝尔纳的回答是:"我抢离出口最近的那幅画。"

答案一经公布,人们才恍然大悟。卢浮宫里的画都是价值连城,而靠近出口的,往往不是最珍贵的。但是在失火的时候,如果有人冲进卢浮宫里寻找最珍贵的画,那么他极有可能会葬身火海,到时候不仅取不出任何一幅画,还有可能赔掉自己的性命。而贝尔纳的做法,无疑是最有智慧的,他在保全了自己的前提下,获取最有可能实现的目标。

而贝尔纳自己对此的解释更为精辟,他说:"成功的最佳目标,不是选择最有价值的那个,而是选择最有可能实现的那个。"

我要用一生的时间追逐淘金梦想。

——[德]李维·施特劳斯

 故事连接

1829年,李维·施特劳斯出生在德国一个小职员的家庭。作为德籍犹太人,李维和他的父辈一样,聪明、刻苦,在念完大学后,也当上了一个文员。

1850年,一则令人惊喜的消息为人们带来了无穷的希望和幻想:美国西部发现了大片金矿。于是,无数个怀着淘金美梦的人,无数个想一夜致富的人,开始如潮水般涌向美国西部,那片曾经的不毛之地。

李维也心动了,犹太人天生的不安分,让他不安只做一个小职员,一辈子平平凡凡地生活。李维渴望冒险,希望通过自己的劳动、运气赌一把。于是,李维辞掉工作,加入到浩浩荡荡的淘金人流之中。

当经过漫长的路程来到美国后,李维惊呆了。他本以为自己将来到一个荒凉却盛满梦想的地方,可入眼所见,却是满山遍野的帐篷——西部遍布的淘金人群。李维有些后悔,为自己的年轻的莽撞。

这么多淘金者都待在一个地方,生活在帐篷里,买东西十分不方便。一次偶然的机会,李维看到淘金者为了买一点日用品,不得不跑很远的路,

31

自己对此也是深有感受。于是他毅然决定了，不再做那个遥不可及的金子梦，还是应该踏踏实实地定下心来，开一家日用品小店，从淘金人身上开始自己的梦想。

不出李维所料，日用品小店的生意很不错，李维很快就收回了成本，开始赚钱了。一次，李维采购了许多日用百货和一大批搭帐篷、马车篷用的帆布，回到店中还没来得及喝口水，淘金者就把他刚运回来的日用百货抢购一空了，只剩下帆布没人理会。

李维很奇怪，帐篷不是必需品吗，怎么会没人买呢？这时，一位淘金工人迎面走来，呆呆地注视着帆布。李维高兴地迎上前去，热情地问道："您想买些帆布搭帐篷？"工人摇摇头，说："一个帐篷够用了，我需要像帐篷一样坚硬耐磨的裤子，你有吗？""裤子？"李维一头雾水。工人告诉他说，淘金的工作很艰苦，衣裤经常与石头、砂土摩擦，棉布做的裤子不耐穿，没几天就破了。

这番话让李维突发灵感，他马上动手，用带来的厚帆布制作了结实耐用的工作裤，向淘金者出售，大受欢迎，被工人们叫作"李维氏工装裤"。就这样，牛仔裤诞生了，以其坚固、耐久、穿着合适获得了当时西部牛仔和淘金者的喜爱。李维·施特劳斯关掉了日用品店，正式成立了自己的牛仔裤公司。

虽然这些"李维氏工装裤"非常畅销，但李维却很不满意，因为帆布虽然结实耐磨，却又厚又硬，穿在身上不舒服。李维开始寻找新的面料，终于有一天，他发现欧洲市场上畅销着一种布料，这种蓝白相间的斜纹粗棉布，兼有结实和柔软的优点。结果，用这种新式面料制作出来的裤子，既结实又柔软，样式美观，穿着舒适，再次受到淘金工人的欢迎。

从此以后，这种用靛蓝色斜纹棉哔叽做成的工装裤在美国西部的淘金工、农机工和牛仔中间广为流传，靛蓝色，也成为"李维氏工装裤"的标准颜色。

李维的探索再次获得了成功，但他并不就此满足，还在继续寻找新的机会。当时淘金工人在劳动时，常常要把沉甸甸的矿石样品放进裤袋，沉重的矿石经常会使裤袋线崩断开裂。当地一位名叫雅各布·戴维斯的裁缝，经常为淘金工人修补这种被撑破的裤袋。他总是用黄铜铆钉钉在裤袋上方的两只角上，固定住裤袋，有时还在裤袋周围镶上了皮革边，显得既美观又实用。有的工人裤子没有磨破，为了美观也都去镶边。雅各布就此向李维提出了建议，李维于是把尚未出厂的工装裤全部返工，都加上了黄铜铆钉，并申请了专利。牛仔裤就此定型。1872年，李维·施特劳斯在基本定型的牛仔裤的基础上，申请了牛仔裤的生产专利。

李维的公司越来越大，越办越好，这源于他不断的追求，无时无刻不以追求事业的成功为最高目标。由于牛仔裤耐穿、方便、式样美观、别致，渐渐风靡全球。

若要使人幸福，须减其欲望，莫增其所有。

——［古罗马］塞内加

如果有一天，我能够对我们的公共利益有所贡献，我就会认为自己是最幸福的人了。

——［俄］果戈理

没有一个人是幸福的，除非他相信自己幸福。

——［古罗马］普布利留斯·西鲁斯

幸福只是不幸福的时间中间的间歇。

——［美］马奎斯

一个人的幸福主要还是造就于他自己的手，所以诗人说："人人都可以成为自己的幸福的建筑师。"

——［英］弗兰西斯·培根

幸福的岁月就是失去的岁月。

——［法］普鲁斯特

幸福，是为别人生活，牺牲自己。

——［法］罗曼·罗兰

有生活的时候就有幸福。

——［俄］列夫·托尔斯泰

任何人都是自己幸福的工匠。

——〔美〕梭罗

幸福的斗争不论它是如何的艰难，它并不是一种痛苦，而是快乐，不是悲剧的，而只是戏剧的。

——〔俄〕车尔尼雪夫斯基

一个人的幸福就在于做自己的真正工作。

——〔古罗马〕马可·奥勒利乌斯

使时间充实就幸福。

——〔美〕爱默生

遭到不幸之后获得自由，这种幸福无与伦比。

——〔英〕雪莱

不征服、不服从，而能获取所需的人，才是真正的幸福，真正的伟大。

——〔德〕歌德

再大的幸福，再快乐的生活，也有尽头。

——〔德〕歌德

真正的幸福绝不定居于一处。探寻无处，却到处存在；金钱无法购买，却随时可得。

——〔英〕波普

幸福生活绝不能凭肉体的感觉从别人身上体验而得。

——〔美〕奥古斯丁

人在幸福之中不可忘记躲在身后的灾害或痛苦。

——〔英〕乔叟

通往幸福的最错误的途径，莫过于名利、宴乐和奢华生活。

——〔德〕叔本华

我在人生残酷无情的战斗中找到生活的乐趣，我的快乐来自学到某些东西。

——〔瑞典〕斯特林堡

幸福的最大障碍就是期待过多的幸福。

——［法］丰特奈尔

内向、宽厚和无私是幸福的三大要素。

——［英］马·阿诺德

幸福是一个债主，借你一刻钟的欢悦，叫你付上一船的不幸。

——［法］福楼拜

比起那种一味用阴暗的前景使自己的生活乐趣失色的人来，人们倒可以把一个经得住一切事变的人视为一个更幸福的人。

——［德］康德

如果幸福在于肉体的快感，那么就应当说，牛找到草料吃的时候，是幸福的。

——［古希腊］德谟克利特

每个人都不像自以为的那么幸福或不幸。

——［法］拉罗什富科

幸福的秘诀是：让你的兴趣尽量地扩大，让你对人对物的反应，尽量地倾向于友善。

——［英］罗素

愚昧从来没有给人带来幸福；幸福的根源在于知识。

——［法］左拉

那些为大多数人带来幸福的人是最幸福的人。

——［德］马克思

如果一个人只有幸福，那他就不会懂得什么叫幸福。只有尝过悲哀的人才能真正体会到幸福的甜美。

——［美］英格丽·褒曼

人生至高的幸福，便是感到自己有人爱；有人为你是这个样子而爱你，更进一步说，有人不问你是什么样子则仍旧一心爱你。

——［法］雨果

最大多数人的最大幸福是道德与立法的基础。

——［英］边沁

幸福是一种最珍稀的葡萄美酒，而对情趣粗俗的人来说，似乎平淡而无味。

——［英］J．P．史密斯

幸福：从观察别人的不幸而产生的舒适心情。

——［加拿大］比尔斯

幸福并不在金币挥霍的房屋底下。

——［法］巴尔扎克

幸福的概念是极不确定的，虽然人人皆欲得之，却无人能明确地、连贯地说出他所希望与祈求的到底是什么。

——［德］康德

幸福是在于为别人而生活。

——［俄］列夫·托尔斯泰

幸福是灵魂的一种香味，是一颗歌唱的心的和声。

——［法］罗曼·罗兰

幸福越与人共享，它的价值越增加。

——［日］森村诚一

相互的爱，毫无保留而至死方休的爱所能产生的幸福，确是人类所能得到的最大的幸福了。

——［法］莫鲁瓦

受人关注，这是一个人存在意义的体现，是一个人成功的起点。无论是轻视、批评还是诽谤，你都应该体验到那种被人关注的美。"在这个世界上，只有一件事比有人在议论更为糟糕，那就是没有人议论你。"彼德如是说。

——［中］林华民

在现实生活中，你没有必要憎恨自己的敌人，若深入思考一下，你也许会发现，真正促使你成功的，真正激励你昂首阔步的，不是顺境和优裕，不是朋友和亲人，而是那些常常可以置你于死地的打击、挫折，甚至是死神。

在日常生活中，我们中的许多人，却犯了这样一个致命的错误：总在诅咒我们的敌人，或者因为自己遇到了敌人而失魂落魄。这恰恰错了，你应该为自己有一个敌人或者是强大的对手而庆幸，为自己遇到的艰难境遇而庆幸，因为这真正是你脱颖而出的机会。

感谢敌人和对手吧，因为正是他们使你变得伟大和杰出。

——爱密尔·贝克特

温水沏茶，茶叶轻浮水上，怎会散发清香？沸水沏茶，反复几次，茶叶沉沉浮浮，终释放出四季的风韵：既有春的幽静、夏的炽热，又有秋的丰盈和冬的清冽。世间芸芸众生，又何尝不是沉浮的茶叶呢？那些不经风雨的人，就像温水沏的茶叶，只在生活表明漂浮，根本浸泡不出生命的芳香；而那些栉风沐雨的人，如被沸水冲沏的酽茶，在沧桑岁月里几度沉浮，于是才有了那沁人的清香啊！

——［中］智若愚

人生最重要的，不在于目标怎么宏远，或者如何踌躇满志，而是善用自己的才干和能力，并且有最佳的发挥。做自己最喜欢做的事情，做自己能做好的事情，并且淋漓尽致地发挥自己，这是人生中最重要的。

——［中］王忠范

人生需要储蓄的东西很多。只有不断地储蓄，人生才会丰盈充实。储蓄，不仅是钱财的积累，知识的学习，也包括人生中那些最宝贵、最难忘、最精致的部分，要储蓄人生中的一切至真、至善、至美。

——［中］石庆华

没有人愿意遭遇危机，但是，危机常常是不邀而至，我们可曾想过，危机中也包含着转机。"危机"包含着"危险"和"机遇"，只是我们习惯性地只看到"危险"，而看不到"机遇"。

——［中］一哲

其实人生就是一盘棋，与你对弈的是命运。即使命运在棋盘上占尽了，你也不要推盘认输，而要笑着面对，坚持与命运对弈下去，因为人生往往就在坚持中转机。

——[中]江汉

在困难面前，如果只是沉沦于痛苦之中，就永远不会有所作为。只有那些懂得消解痛苦，并在痛苦中不断聚积力量者，才能使生命变得丰满和充实。其实，不论在岁月之内还是在岁月之外，痛苦都是比幸福更为博深、更为奥妙、更为耐读的书籍。

痛苦并不可怕，在痛苦中积聚的力量，犹如剧烈涌动的火山，一旦喷发，必定带给人们一种灵魂的震颤。

——[中]张万祥

要知道，批评、讪笑、毁谤的石头，有时正是通向自信、潇洒、自由的台阶。那些没有被嘲笑与毁谤的黑暗所包围过的人，可能就永远无法在心里点起一盏长明之灯。

——[中]张万祥

这个世界上，没有绝望的处境，只有对处境绝望的人。

——[中]胡华

在很多时候，幸福往往会变成一道减法题，一点点减去你的志气、锐气和朝气；而苦难却常常成为一道加法题，不断在增添你的梦想、努力和汗水，积累起来，你就拉上了"成功"的手。苦难并不可怕，可怕的是你没有认识到苦难本身蕴含着无尽的契机。如果你认为它是一道减法题，它将减去你所有的一切，包括生命；如果你认为它是一道加法题，那么演算的结果，可能就是一个非常惊人的令人欣喜的数目。

——[中]智若愚

让自己多一次失败的机会，也就是给自己多一次成功的机遇。成功与失败有时只是一步之遥，逃避失败就会与成功擦肩而过。渴望成功却惧怕失败是人的本性，放弃参与很容易，可为了实现人生的价值，必须战胜自身的弱点。让永不逃避失败、永不惧怕失败的激情飞扬起来，用钢铁般的骨骼和精神支撑起强者无畏的天空。

——[中]栾绍禹

失误是一种教育，是宝贵的经验，是成功的向导。失误的结果并不一定都是不好的，有些失误的结果，往往成为你成功的信号灯。人的一生充满着失误，失误并不可怕，只要你时时保持发现的目光，你将会从失误中发现真理，从失误中走向成功。

——［中］徐永明

"挫折是一所最好的大学"。给生命一些坎坷、挫折、艰辛、困苦，不但不影响生命的"生长"，反而会使生命"拼命向下扎根"，从而使生命之树"枝叶繁茂"。明白了这一点，当我们给予学生一些爱与关怀时，我们就要想到，是否为他们遮挡了太多的风雨霜雪。要想使你的学生长成参天大树，那就不能给它太足的水分和肥料，要逼迫它奋力向下自己扎根。

——［中］林华

受挫一次，对生活的理解加深一层；失误一次，对人生的醒悟增添一阶；不幸一次，对世间的认识成熟一级；磨难一次，对成功的内涵透彻一遍。从这个意义上说，要想获得成功和幸福，要想过得快乐和欢欣，首先要把失败、不幸、挫折和痛苦读懂。

——［中］蒋金镛

许多时候，我们不是跌倒在自己的缺陷上，而是跌倒在自己的优势上。因为缺陷常给我们以提醒，而优势却常常使我们忘乎所以。生活中，我们经常可以看到类似的事情，每每因游泳溺水而死的人往往是那些水性好者，而游泳技术差的人或是根本不会游泳的人却很少被淹死。当生活的重担压得人喘不过气来，挫折、困难接踵而至，人们往往能发挥出自己意想不到的潜力，冲出重围，闯出一条新路。而一旦一帆风顺、志得意满时，却常常看不到潜在的危机，听不进别人的规劝，最终一败涂地。

——［中］张万祥

人的一生中，会有许多的追求、憧憬、诱惑，但最后你会发现，健康才是你所有美好追求的基础和根本保证，如果没有了健康，生命就成了痛苦无奈的延续。一个在痛苦中挣扎的生命，拥有的东西再多，也会暗淡无光。

——［中］段玉荣

不论你的生活多么糟糕，不论你的处境多么险恶，你仍然有很多优势没有利用，有很多资源没有挖掘。糟糕的往往不是你的处境，而是你面对处境的心情。如果能够以积极的心态去面对，任何人都会发现，再恶劣的环境也没有自己想象的那么坏，资源就在我们附近。

——［中］鲁先圣

一个人所处的环境靠个人也许无力改变，但如何适应环境则是自己完全可以控制的。人的一生难免会碰上许多问题，遇到不少挫折，怨天尤人解决不了任何问题；积极调整好生活态度，勇敢地迎接人生的挑战，并尽最大努力去做好每一件事，这才是最佳的选择。

——［中］杨协亮

挑战与机遇同在，危险与美丽并存。你如果有无畏的勇气，就只管朝着选定的路走去，不要幻想在收获与艰辛之间寻找出一条折中的路经，我们没有选择的余地。美丽往往是一种质的核心，而其外衣则是充满激情的荆棘。朋友，你向往美丽吗？那你就应该毫无畏惧地踏上遍布荆棘的路。

——［中］龙永干

世界并不像我们感觉的那样冰冷，尽管在某些时候，人性中善良的因子会被丑陋的尘埃遮蔽，但是，当危难降临，善良的因子便会放射出灿烂的光辉，激发人们自然地选择善良与真诚。

——［中］初红

造成人们精神消耗和折磨的，不过是"如果"两个字。比如，"如果我考上大学""如果我当年不放弃的话""如果我当时急流勇退""如果我当时能换一个工作的话"……针对这各式各样的"如果"，医治的方法数千种，但最终的方法只有一种：就是将"如果"换成"下次"："下次我有机会再去考""下次我决不放弃"……

将"如果"换成"下次"，并不是简单的换个词，而是将心态换了。"如果"透露的只是消极的，甚至是懒惰的心态，对未来肯定没有益处。同样的事情来了，还会用"如果"加以搪塞；而"下次"流露的却是积极的、上进的心态，展望的是未来美好的前景，对人大有裨益。其实，幸福和成功并不遥远，只因我们没有积极的心态。将"如果"换成"下次"，改变了心态，幸福和成功就会在你眼前显现。

——[中]齐齐

人生路很漫长，唯一没有的路就是回头路。我们要把上一次的挫败当做下一次的经验，这样才能走出人生的辉煌！

——[中]张美

对求之而不得的东西想得通、看得透、出得来、放得下；对自己平凡的工作想得深、看得远、进得去、拿得起。当进入一心一意、舍身忘我的境界时，再看穷乡村、破教室、泥孩子、土台子，便成了宏大的可改变的世界。

——[中]魏书生

其实，看似普通而平淡的生活中，还有很多我们未曾涉及的领域和空间，还有很多可供我们描绘美丽人生的空白。只是有些人忽视了，错过了；有些人抓住了，成功了。

——[中]黄小平

超越别人要靠实力，超越自己要凭胆识。

原谅别人是人的优点，原谅自己是人的缺点。

不清楚自己缺点的人就是其人生最大的缺点。

一个人太看重自己会变得自负，太看轻自己又容易堕落。

一个人太自卑会对自己造成伤害，一个人太自信往往又会伤害别人。

人的生活中没有细节就会变得空洞，全是细节就会显得烦琐。

人生的最大错误不是担心自己会犯错误，而是相信自己永远也不会犯错误。

人活得窝囊有时并不是由于你没有能力，而是由于你没有找到机会发挥能力。

人最容易犯的错误：是把自己喜欢的人的缺点也看成优点，把自己讨厌的人的优点也看成缺点。

——[中]梁竹

忍者无惧。因为忍耐，才能体察更多人的所思所想，为别人更为自己营造宽松和谐的氛围；因为忍耐，会在自己心中腾出一块天地，为家人和孩子撑起一片绿荫。适时适度的忍耐同样蕴含着生活的艺术，也是人生的一种境界，不然，怎么承担起多种角色的重负呢？

——［中］夏日清风

人生何必轰轰烈烈，平淡也是一种享受。静止的云，竖直的炊烟，平稳的水波，广袤的草原，都具有平淡美。

——［中］旸旸

生活在飞速发展的现代社会，那些无处不在的信息包围了我们的生活，那些被物质砸出的欲望沟壑总是难以填满。还有谁会走出去听枫林鸟语，看大漠落日？有谁能坐下来看花谢花开，草长莺飞？有谁愿抬起头看天高海阔，云卷云舒？

既然我们无以选择、无法逃避地生活在这个繁杂的时段，那么，何不让我们在内心深处耕耘出一片净土，撒上简单的种子，开出简单的花朵。在那里，花香、草绿、云淡、风轻……

——［中］木子

我们生活在这个熙熙攘攘的急进社会，往往因为等不及而毛躁焦虑，错过本该属于我们的东西。看着身边的同龄人在同一起跑线出发，我们还在搭公车的时候，别人已经开着小车自由进出，感慨良多的心情让我们对身边的每件事情都失去了等待的耐心。

——［中］木木

人之一生，总有些风风雨雨、沟沟坎坎。一年365天，谁没有几个凄凄惨惨的日子，谁没有几个难消的黄昏和夜晚？然而，只要常存一颗热爱生活的心，就总有冰雪压不住的欢乐。

——［中］代仪名

现实的生活不会给我们打草稿的机会，因为我们所认为的草稿，其实就已经是我们人生的答卷——无法更改，亦无法重绘，所以我们要珍惜每一次机会，认真对待每一天。

——［中］梁红芳

在我们的生活中，总有这样一些人——经过自己脚踏实地的悉心打拼后，仍然停留在看不到曙光的黑暗中，于是就偃旗息鼓，或者妄自菲薄，甚至怨天尤人。其实，这个时候，你离成功只有一步之遥。这一步需要你一改往日处理问题的方法，大胆尝试他人没有走过的道路——激发你智慧的火花，点燃你追寻理想的火把，照亮你前行的方向。当你迈出这智慧的一步时，你会发现，先前阻挡你前进的障碍只不过是上帝设置的一道虚掩的门而已。

——［中］程大国

当今社会，信息的轰炸，各种欲望与成功的诱惑，让现代人目不暇接。不少人认为，人生苦短，没有时间去等待。于是，烦躁的心态、急功近利的想法常常让现代人焦虑不安。其实，一夜成功的机会是少之又少的。在人生的征途上，我们需要用耐心和毅力去忍受和改变刚进社会时的无知与无人喝彩，需要用耐心和毅力去面对社会对你的熏陶和锤炼。

——［中］佚名

获得幸福的不二法门是珍视你所拥有的，遗忘你所没有的。

——［中］王亮亮

人生就像抛在空中的硬币，落到地上有可能是正面，也有可能是反面。人生有可能成功，也有可能失败，但无论成败，都是一笔人生的财富。人生舞台的大幕随时都可能拉开，关键是你愿意表演，还是选择躲避。

——［中］赵广杰

当我们陷入生活最低谷的时候，有时会招致一些无端的蔑视；当我们处在为生存苦苦挣扎的关头，有时会遭遇肆意践踏你尊严的人。针锋相对的反抗是我们的本能，但往往会让那些缺知少德者变本加厉。我们不如以理智去应对，以一种宽容的心态去展示并维护我们的尊严。那时你会发现，任何邪恶在正义面前都将无法站稳脚跟。有的时候，弯下的是腰，但拾起的，却是你无价的尊严。

——［中］李伟

让我们在秋天播种吧，只有让希望的秧苗饱经秋霜冬雪的考验，而不是春天风和日丽的娇生惯养，我们才会练就一身好筋骨，我们的人生才会在春天比别人多一茬收获。

让我们在挥镰收获成功时播种，不停歇、不自满！让我们在颗粒无收的多灾之秋开始播种，不停锄、不灰心！

人生就是一个不断播种与收获的过程，在秋天里播种，让秋天成为我们走向希望的一个开始！

——［中］尹正茂

强而有力者莫过于习惯。

——［古罗马］奥维德

习惯就是信念转为习性和思想转变为行动的过程。

——［俄］乌申斯基

风俗习惯像透视镜一样，没有它，社会理论家什么也不会看出来。

——［法］本尼迪克特

世界上没有比习惯更专制的了。

——［法］左拉

好的习惯越多，生活越容易，抵抗引诱的力量也越强。

——［美］詹姆斯

在儿童时期没有养成思想的习惯，将使他从此以后一生都没有思想的能力。

——［法］卢梭

人的生活方式如果仍延续一系列的旧习惯，那么，他就会成为生活的奴隶。

——［科威特］穆尼尔·纳素夫

人往往服从于习惯，而不管是否合理与正确。

——［法］帕斯卡

人的思考取决于动机，语言取决于学问和知识，而他们的行动，则多半取决于习惯。

——［英］培根

第二篇

健康心态

健康胜过力量与外貌。

——［古希腊］亚里士多德

健康是幸福的主要因素，锻炼是健康的重要保证。

——［英］汤姆逊

健康是智慧的条件，快乐的标志，也是开朗和高尚的天性。

——［美］爱默生

健康不是人生的目的，而是最基本的条件。离开了健康就不能工作，至少不能像健康时那样生气勃勃地工作。

——［日］武者小路实笃

健康当然比金钱更为可贵，因为我们所赖以获得金钱的，就是健康。

——［美］塞·约翰逊

健康的身体是由于体内寒热温燥的平衡。

——［俄］库里什普

健康的时候，人们会忘记肉体，专注地从事各自的工作；而当健康受到影响时，人们才感觉到肉体的痛苦。

——［日］武者小路实笃

健康的躯体是灵魂的客厅，而病体则是监狱。

——［英］培根

健康是一种自由——在一切自由中首屈一指。

——［瑞士］亚美路

健康是人的第一幸福，第二是温存的秉性，第三是正道得来的财产，第四是与朋友分享快乐。

——［英］罗·赫里克

健康是为我们的事业和我们的福利所必需的，没健康，就不可能有什么福利，有什么幸福。

——［英］洛克

身体要过着一种有规则的、有节制的生活，方才能保持健康。

——［捷克］夸美纽斯

身体健康的主要标准在能忍耐劳苦，心理健康的标准也是一样。

——［英］洛克

身体最强健的人不容易受饮食或劳作的影响，最茁壮的草木也不容易受风日之类影响。

——［古希腊］柏拉图

养成简单朴素的生活习惯，是增进健康的一大因素，使人对于生活必需品不加挑剔。

——［古希腊］伊壁鸠鲁

没有什么比健康更快乐的了，虽然他们在生病之并不曾觉得那是最大的快乐。

——［古希腊］柏拉图

良好的健康和充沛旺盛的精力，这是朝气蓬勃感知世界、焕发乐观精神、产生战胜一切艰难险阻的意志的一个极重要的源泉。

——［苏］苏霍姆林斯基

古存与健康往往是形影不离的，美好的青春是要由健康来保证的，而青春期的健康锻炼正是健康的基础。

——［科威特］穆尼尔·纳素夫

最穷苦的人也不会为了金钱而放弃健康，但是最富有的人为了健康甘心情愿放弃所有的金钱。

——［美］柯尔顿

强健的体魄恢复时，智力和创造力就会再生。

——［法］罗曼·罗兰

锻炼身体，短时间内效果不显，但持之以恒，其功自见。就像储蓄一样，零存整取，积久即成巨款。

——［中］孙允中

旺盛的精力寓于健康的身体。

——［中］吴运铎

使身体充满精力的最有效的办法是快活的习惯。

——［中］葛德文

忽略健康的人，就是等于在与自己的生命开玩笑。

——［中］陶行知

经得起各种诱惑和烦恼的考验，才算达到了最完美的心灵的健康。

——［英］培根

要是您在狂暴的感情冲动之下牺牲您的健康，生命也将不免于毁灭。

——［英］莎士比亚

面色红润的健康之神在阳光里生活，在大海里游泳，在野外呼吸着清新的空气。

——［美］爱默生

健全的思想寓于健全的身体，此话虽短，却道出了世上何为幸事的真谛。

——［英］洛克

健康人不知道健康的珍贵，只有病人才知道——这是医生的格言。

——［美］卡莱尔

人说通往健康的最可靠的路就是：切莫假设自己有病。医生的话令人胡思乱想，我们切不可轻易相信。

——［英］丘吉尔

不论有多么出众的才能和力量，不论有多么高明的见识，一旦卧床不起，人生就将化为乌有。

——［日］池田大作

只有健康值得我们在追求它的时候不惜使用时间、汗水、麻烦和宝贵的财富，乃至生命。

——［法］蒙田

只要失去健康，生活就充满痛苦和压抑。没有它，快乐、智慧、知识和美德都黯然失色，并化为乌有。

——［法］蒙田

失却了健康，什么爱情啦，荣誉啦，财富啦，权力啦，就都不能使人振奋。

——［美］盖伊

在男人或女人身上，一个洁净、健强而坚实的肉体，比最美丽的面孔更美丽。

——［美］惠特曼

肉体与灵魂的安宁就是生物体井然有序而和谐的生命和健康。

——［美］奥古斯丁

伟大的事业基于高深的学问，坚强的意志在于强健的体魄。

——［中］孙中山

我们要使每个人在各方面都发展，既会跑，又会游泳，既走得快，又走得好，使整个身体都很健康。

——［苏］加里宁

我们得到生命的时候带有一个不可少的条件：我们应当勇敢地保护它一直到最后一分钟。

——［美］狄更斯

健康为最好的天赋，知足为最大的财富，信任为最佳的品德。

——［印度］释迦牟尼

有健康的身体才有健全的精神。

——［英］洛克

人类所能犯的最大错误就是拿健康来换取其他身外之物。

——［德］叔本华

"今天，你是好莱坞权力最大的人，你的名字是年轻人的名气、金钱的保证，但那又怎样呢？你曾经背弃过自己的承诺，无论再有钱、名气再大，你的品格还有个小小的污点，因为你曾经当过逃兵。"

——史蒂芬·斯皮尔伯格

名言

——聆听智者的声音

故事连接

大导演史蒂芬·斯皮尔伯格曾经是加州大学的一名学生。然而，他还未毕业就离开了学校。现在，他决定回母校修完当年还没读完的电影系学分。

史蒂芬是在1965年辍学的。原因很简单，他当时在加大电影系二年级时拍了一部22分钟的短片，参加亚特兰大电影节，好莱坞的投资者看了，马上与他签约，史蒂芬决定放弃学业，到好莱坞发展。事实证明他的选择是对的，如果当年不把握机会，坚持要完成学业，那他或许成不了大师。

如今，史蒂芬已经在事业上拼搏了40年，尽管功成名就，可他还是很介意年轻时的学业没有完成。夜深人静时，史蒂芬总听到一个声音对他说："今天，你是好莱坞权力最大的人，你的名字是年轻人的名气、金钱的保证，但那又怎样呢？你曾经背弃过自己的承诺，无论再有钱、名气再大，你的品格还有个小小的污点，因为你曾经当过逃兵。"

回到大学的史蒂芬，用假名重新注册插班，用假名考试交卷，只有几个教授知道他的身份，他的功课与其他学生一起送交校外的学者审阅。课程要求学生交电影实习作业。史蒂芬在《辛德勒的名单》中选取了12分钟的影片，还交了《大白鲨》和《第三类接触》的片断。大学电影系助理教授凯利给他总评分，为"良"，评语是"该学生对音响、灯光、剪接和剧本管理颇有驾驭力"。

史蒂芬还选了修一门叫野生生物的学科。教授说他精于恐龙知识，上课谦逊有礼，除了有一天在课堂上把一只脚搁在书桌上。他向老师道歉，说是前一天与儿子一起玩滑板扭伤了腿。教授提醒班上其他学生，不要对这个天王级的同学有什么崇拜的眼光，只需把他当普通人。虽然大家做到了，没有向他索取签名，但毕业典礼的那天，他们告诉父母：我与史蒂芬·斯皮尔伯格同一年毕业。

当今社会，有太多人相信"成功人士"不一定要念完大学，并以比尔·盖茨为例，说比尔·盖茨也没有读完哈佛。但史蒂芬认为，学业没有完成，是自己一直以来的心理创伤，这一创伤，随时幻化为那句话，一直影响着他，而于此，一切名誉和财富都无济于事。

世界上有成就的人都是能放开眼光找他们所需要的境遇的人，要是找不着，就休去创造。

——［爱尔兰］萧伯纳

要有所成就，就必须坚持他应该采取的主张。毅然决然地坚持这个主张，并且一贯地实行这个主张。

——［法］卢棱

卓越的艺术成就只有用眼泪才能取得。谁不备受折磨，谁就不会有信心。

——［法］安格尔

只有经过长时间完成其发展的艰苦工作，并长期埋头沉浸于其中的任务，方可望有所成就。

——［德］黑格尔

在科学上面是没有平坦的大路可走的，只有那在崎岖小路不畏劳苦的人，才有希望到达光辉的顶点。

——［德］马克思

伟大的人物都是走过了荒沙大漠，登上光荣的高峰。

——［法］巴尔扎克

平凡的人听从命运。具大伟大的性格的人起来斗争。

——［法］维尼

所谓大师，就是这样的人，他们用自己的眼睛去看别人见过的东西，在别人司空见惯的东西上能够发现出美来。

——［法］罗丹

圣人更容易出自放荡不羁者，而不是自命不凡者。

——［美］桑塔亚那

他们之所以为伟大的人物，正因为他们主持了和完成厂某种伟大的东西；不仅仅足一个单纯的幻想、一种单纯的意向，而是对症下药地适应了时代需要的东西。

——［德］黑格尔

我们应当把世界历史人物——一个时代的英雄——认作是这个时代眼光犀利的人物；他们的行动、他们的言词都是这个时时代最卓越的行动、言词。

——［德］黑格尔

每一个时代、社会都需要有自己的伟大人物，如果没有这样的人物，它就要创造出这样的人物来。

——［德］马克思

你听说过胜利是很好的，是么？我告诉你失败也很好。失败者和胜利者具有同样的精神。

——［美］惠特曼

真正伟大的人是不压制他人也受人压制的人。

——［黎］纪伯伦

帝应当避免四种行为：招人痛恨的暴虐，不可原凉的吝啬，引人厌恶的谎言和毫无根据的苛责。

———［阿根廷］伊本·穆加发

伟人是一个天生的孩子，当他死时，他把他的伟人的孩提时代给了世界。

——［印度］泰戈尔

每个伟人的人物都有一种能使事物回还的力量，因为他，整个历史再度被置于天平上，而成千上万运去的隐情和秘密都从它们藏匿的地方匍匐爬出——投到它的光辉之下。

——［德］尼采

以思想和力量来胜过别人的人，我并不称他们为英雄，只有以心灵使自己更伟大的人们，我才称为英雄。

——［法］罗曼·罗兰

所有的伟人都是从艰苦中脱颖而出的。

——［美］爱默生

当我们承担起巨大的苦难，并同时听列其发出的哀号时，千万不要被内心的苦恼和怀疑所击倒——这才是伟大。

——［德］采尼

历史早已证明，伟大的革命斗争会造就伟大的人物，使过去不可发挥的天才发挥出来。

——［苏］列宁

卓越人的一大优点是，在不利与艰难的遭遇里百折不挠。

——［德］贝多芬

他们固然由于毅力而成为伟大，也是由于灾患而成为伟大。

——［法］罗曼·罗兰

伟大的人必定是一个怀疑者，不被任何一种信念所束缚的自由，存在于他的坚强的意志之中。

——［德］尼采

一种极高超的人物性格总带有几分沉默伤感的色彩。

——［德］叔本华

品格高于才智……伟人不仅善于思考．而且还善于处世。

——［美］爱默生

最伟大的头脑也不得不在某种程度上屈服于他所处时代的迷信。

——［美］梭罗

为了让伟人们发掘伟大的思想，进行他们的壮举，我们必须把他们擎到整个人类的肩膀上。

——［美］霍桑

思想方面的伟人人物，任务在于替人们筹划种种精神准备，以便发动革命性的社会变革。

——［美］悉尼·胡克

伟人就是历史规律的一个符号、一个指数、一个表现、一个工具或者

一个后果。

——［英］悉尼·胡克

能在孤独寂寞中完成使命的人即是伟人。

——［中］罗兰

具有非凡灵感的人才能成为伟人。

——［古罗马］西塞罗

人生最愉快最无害的小路，必经过科学和学问的正道，任何人只要在这方面能把一些障碍清除，或开辟任何新的境界，我们在那个范围内就应当认他是人类的恩人。

——［英］休谟

一个伟大的人物在正确对待小人物中才显出其伟大来。

——［美］卡莱尔

没有哪个伟人是虚度一生的。世界的历史就是一部伟人们的传记。

——［美］卡莱尔

伟人经常不为人所理解，甚至为人所曲解。

——［美］卡莱尔

只有做出伟大事业的，或是教人怎样做出伟大事业的，或是用适当的庄严风格来描述这些大事业的人们才配得上"伟大人物"这个称呼。

——［英］弥尔顿

伟人是国家的路标，是界碑。

——［美］伯克

伟人或智者很少怀疑自己会受人鄙视或欺骗。

——［美］塞·约翰逊

只有伟人才会犯重大的过失。

——［法］拉罗什富科

越是接近伟人，就越觉得他们也是人。

——［法］拉布吕耶尔

一个由狮子指挥的老鼠军队，比一支由老鼠指挥的狮子军队，要好得多。

——［法］拿破仑

"无论干什么事情，不经受一番磨炼是干不好的。"

——华伦·巴菲特

 故事连接

前些年，有个美国大学生，每逢礼拜和假期，都得赶到他父亲开设的工厂去上班。他用打工的工资去偿还父母为他垫付的学费和伙食开支。在厂里，他跟其他工人一样排队打卡上下班，没有一丁点儿特殊，月底就凭车间给他评定的质量分和完成工作的情况结算工资。

大学毕业后，他自以为可以接管父亲的公司时，父亲不但不让他接管公司，反而对他更加苛刻。他想不通，作为一家公司董事长的父亲，不但不缺钱花，而且还经常向福利院捐款，可就是舍不得多给他一分钱，他就连生活费也得定期向父亲索要。他想，自己肯定不是父亲的亲生儿子，要不然父亲怎么会这样无情地对待自己呢？他决定离开这个家，去寻找自己的人生之路。

一开始，他打算去银行贷款做生意，可父亲坚决不给他担保，结果他一分钱也没贷到。没办法他只好去给别人打工，由于人际关系不好，他失业了。此后，他用打工积累的一点资金开了家小店。小店的生意不错，他又开了家小公司，小公司慢慢地变成了大公司。

可正当他大喜过望时，公司竟然倒闭了。他想过跳楼，但年轻的他实在不甘心就这样离开人世。他终于静下心来，认真地思考自己的过去：父亲为什么对自己如此冷酷？自己在打工和经商中为什么屡遭惨败？总结了自己失败的教训之后，他决定咬紧牙关挺起胸膛从头再来。正当他振作精神准备再去挑战人生的时候，他父亲竟出现在他面前，而且还张开双臂紧紧地拥抱了他，并决定让他来接管自己的公司。

此时，他不解地说："我现在是个一无所有的甚至是个失败的人，为什么您还要我接管您的公司呢？"

"孩子，尽管你现在和几年前一样，依然身无分文，但你经历了一场艰苦的磨炼，它对你来说是极其可贵的。这恰恰正是我前几年没把公司交给你的原因。如今，你拥有了这段经历，你会珍惜它，而且会把公司管好，还会让它不断发展壮大。"父亲停顿了一下，意味深长地说，"无论干什么事情，不经受一番磨练是干不好的。"

果然，他不负父亲的期望，将规模不大的公司发展成了一家令全球瞩目的大公司。他就是大名鼎鼎的华伦·巴菲特。他现在已经拥有几百亿美元的资产，是真正的有钱人，可他不忘父亲的话，依然用"艰苦"磨练自己——他的西服是旧的，钱包是旧的，汽车也是旧的，甚至他住的房子也是旧的。

由此可见，经历苦难、经历磨练对于一个人，尤其是对于年轻人是多么的重要。中国著名作家张爱玲在《非走不可的弯路》中写道："在人生的路上，有一条路每个人非走不可，那就是年轻时候的弯路。不摔跟头，不碰壁，不碰个头破血流，怎能炼出钢筋铁骨，怎能长大呢？"

有个"泥泞留痕"的禅的故事，说刚刚剃度遁入空门的鉴真和尚做了一名行脚僧。一天，住持带他到寺前的一座黄土坡。由于刚下过雨，路面泥泞不堪。住持问鉴真能否找到昨天的脚印。鉴真说，不能，因为昨日路又干又硬；不过，今天的能找到。住持语重心长地对他说：泥泞的路才能留下脚印，芸芸众生莫不如此啊。那些一生碌碌无为的人，不经风沐雨，就像一双脚踩在又干又硬的大路上，什么也没留下。但对那些经过风雨磨炼的人而言，泥痕上印证着行走的价值。

希望在任何时候都是一种支撑生命的安全力量。

——［英］莎士比亚

希望是为痛苦而吹奏的音乐。

——［英］莎士比亚

希望是恋人的手杖，带着它前行，可以对抗自觉绝望的思想。

——［英］莎士比亚

一个最困苦、最微贱、最为命运所屈辱的人。只要还远抱有希望，便可无所怨惧。

——［英］莎士比亚

希望是生命的源泉，失去它生命就会枯萎。

——［美］富兰克林

智者因希望而忍受人生的痛苦。

——［古希腊］欧里庇得斯

希望贯穿一切，临死也不会抛弃我们。

——［英］波普

希望永远在人的胸膛汹涌。人要经常感觉不是现在幸福，而是就要幸福了。

——［英］波普

只要我们能把希望的大陆牢牢地装在心中，风浪就一定会被我们战胜。

——［意大利］哥伦布

希望如不是置身深渊的大海上，就绝不能展开其翅膀。

——［美］爱默生

希望会使你年轻的，因为希望和青春乃是同胞兄弟。

——［英］雪莱

在人的幻想和成就中间有一段空间，只能靠希望来通过。

——［黎］纪伯伦

希望是坚强的勇气，是新生的意志。

——［美］马丁·路德·金

希望里蕴藏着极大的力量，使我们的志向和幻想成为事实。

——［英］弥尔顿

希望是坚韧的拐杖，忍耐是旅行袋，携带它们，人可以登上永恒之旅。

——［英］罗素

在希望与失望的决斗中，如果你用勇气与坚决的双手紧握着，胜利必属于希望。

——［意大利］普里尼

生活在前进。它之所以前进，是因为有希望在；没有了希望，绝望就会把生命毁掉。

——［俄］特罗耶波尔斯基

人总得有希望。没有希望的心田，是寸草不生的荒地。

———［美］惠特曼

希望是栖息于灵魂中的一种会飞翔的东西。

———［美］狄更斯

人类所有的智慧可以归结为两个词——等待和希望。

———［法］大仲马

希望是风雨之夜所现之晓霞。

———［德］歌德

很难说什么是办不到的事情，因为昨天的梦想，可以是今天的希望，并且还可以成为明天的现实。

———［美］罗伯特

希望是穷人的粮食。

———［英］赫伯特

希望是人的阳光。

———［美］斯迈尔斯

希望是很好的早餐，却是很糟的晚餐。

———［英］培根

人最宝贵的财富是希望。如果只着眼于当前。我们就不会去播种。

———［法］伏尔泰

希望像太阳，当我们向它行进，我们负担的阴影便抛在身后去。

———［英］史密斯

一个希望的突然失落会留下一处伤痕，即使那希望最终实现，也决不能使它完全平复。

———［英］哈代

人生包含两部分：一部分是过去，是一场梦；一部分是未来，是一个希望。

———［法］金斯利

人生存于欲望之中，而为欲望牵线的是希望。

———［中］王统照

人类最可宝贵的财富是希望，希望减轻了我们的苦恼，为我们在享受当前的乐趣中描绘出来日乐趣的远景。

——［法］伏尔泰

只有能够实现的希望才能产生爱，只有希望才能保持爱。

——［古罗马］奥维德

只要你抱着希望，死去的意志就会在你内心复活。

——［法］罗曼·罗兰

在梦中播下再多种子，也得不到一丝丰收的喜讯；在田野上哪怕只播下一粒种子，也会有收获的希望。

——［法］雨果

只要太阳照耀，希望也会闪耀。

——［德］席勒

有时候，最荒唐和最轻率的希望会导致非凡的成功。

——［法］沃夫纳格

我们唯一的悲哀是生活于愿望之中而没有希望。

——［意大利］但丁

我的希望是想确定因为我生活在这世界上，才使这世界变得好了些。

——［美］林肯

希望是永远的喜悦，有如人类拥有的土地，是每年有收获、绝不会耗尽的确定财产。

——［英］斯蒂文森

充满希望去旅行，要远比达到目的地为优。因此，真正的成功便是工作。

——［法］狄德罗

希望是引导人成功的信仰。如果没了希望，便一事无成。

——［美］海伦·凯勒

对一切人们的疾苦，希望是唯一价廉而普遍的治疗方法；它是俘虏的自由，病人的健康，恋人的胜利，乞丐的财富。

——［美］克鲁利

尽管希望愚弄人，但人仍然需要希望，因为希望本身就是快乐。

——［英］约翰逊

希望是唯一所有的人都共同享有的好处；一无所有的人，仍拥有希望。

——［法］塞利斯

没有希望的地方，就没有奋斗。

——［英］约翰生

一切的和谐与平衡，健康与健美，成功与幸福，都是由乐观与希望的向上心理产生与造成的。

——［美］华盛顿

希望是人类第二个生命，悲观是人类活受的死刑！

——［中］梁启超

希望是不幸者的第二灵魂。

——［德］歌德

自信是走向成功之路的第一步，缺乏自信是失败的主要原因。

——［英］莎士比亚

信心可以使一个人得以征服他相信可以征服的东西。

——［英］德莱顿

切莫垂头丧气，即使失去了一切，你还握有未来。

——［美］奥斯卡·王尔德

对于那些有自信不介意于暂时失败的人，没有所谓失败！对怀着百折不挠的坚定意志的人，没有所谓失败！

——［法］雨果

发明家全靠一股了不起的信心支持，才有勇气在不可知的天地中前进。

——［法］巴尔扎克

果断获得信心，信心产生力量，而力量是胜利之母。

——［德］亨利希·曼

只要你能够自信，别人也就会信你。

——［德］歌德

那些即使遇到了机会，还不敢自信必能成功的人，只能得到失败。

——［德］叔本华

缺乏信心并不是因为出现了困难，而出现困难倒是因为缺乏信心。

——［古罗马］塞内加

衡量一个人，应以他在不幸之下保持勇气、信心的方式为准。

——［古罗马］普鲁塔克

对自己都不信任，还会信任什么真理。

——［英］莎士比亚

要有自信，然后全力以赴——假如具有这种观念，任何事情十之八九都能成功。

——［美］威尔逊

自我信任是成功的第一个秘诀。

——［美］爱默生

信心是一种心境，有信心的人不会在转瞬间就消沉沮丧。

——［美］海伦·凯勒

自信是承受大任的第一要件。

——［德］詹森

只要持之以恒，知识丰富了，终能发现其奥秘。

——［法］福楼拜

耐心和恒心总会得到报酬的。

——［美］爱因斯坦

一只牛虻有意志力就能征服一头优柔寡断的牛。

——［古希腊］卡赞扎基

只有恒心可以使你达到目的，只有博学可以使你明辨世事。

——［德］席勒

一个人只要强烈地坚持不懈地追求，他就能达到目的。

——［法］司汤达

坚持对于勇气，正如轮子对于杠杆，那是支点的永恒更新。

——［法］雨果

我们不会消沉或失败，我们要坚持到最后。

——[英]丘吉尔

我有两个忠实的助手，一个是我的耐心，另一个就是我的双手。

——[法]蒙田

要看日出必须守到拂晓。

——[英]司各特

耐心和持久胜过激烈和狂热。

——[法]拉·封丹

一个人如果做事没有恒心，他是任何事也做不成功的。

——[英]牛顿

达到重要目标有两个途径——努力及毅力。努力只有少数人所有，但坚忍不拔的毅力则多数人均可实行。

——[法]拿破仑

所有坚忍不拔的努力迟早都会得到报酬。

——[保加利亚]安格尔

斧头虽小，但经多次劈砍，终能将一棵最坚硬的橡树砍倒。

——[英]莎士比亚

累了就歇在路边的人是不会得到胜利的。

——[美]尼克松

做事是否快捷，不在一时奋发，而在能否持久。

——[英]弗兰西斯·培根

只有毅力才会使我们成功……而毅力的来源又在于毫不动摇，坚决采取为达到成功所需要的手段。

——[俄]车尔尼雪夫斯基

毅力是永久的享受。

——[英]布莱克

在安静而融洽的时刻，信念、爱和希望三者感到在它们的本性中有一种逆来顺受的冲动；它们一起努力创造出了一个不朽的形象，一个更高意义上的潘多娜——耐心。

——歌德

在我的字典中，没有"不可能"这样的字眼。

——拿破仑

故事连接

拿破仑在成功粉碎了第一次反法同盟班师回国后，法国政府和巴黎市民以古罗马欢迎凯旋大将的隆重典礼为他庆功。这是至高的荣誉。

之后，拿破仑的名字更是传遍了整个法国和欧洲，但他并不满足这一荣誉，他又决定远征埃及。但是，诸多的理由都证明远征埃及虽然是需要的，却是万万不可能的。一方面法军没有掌握制海权，另一方面，远离本土且在沙漠中作战，会使法军陷入极为不利的境地。面对他人的阻挠，拿破仑说："在我的字典里，没有'不可能'这样的字眼。"因为他极需要一场大的胜利来增加自己的政治资本，同时，也是他的雄心所致。虽然拿破仑率领的军舰在登陆后几乎全军覆灭，但是，他带到岸上的队伍却成功地击败了马穆留克兵和土耳其军队的进攻，并且在埃及站稳了脚跟。对别人不可能的事，对于拿破仑而言却成了事实。

灾难的忠实姐妹——希望，……她会唤起你们的勇气和欢乐。

——［俄］普希金

希望是永远达不到的，人才有希望，追求希望。

——［美］本杰明·富兰克林

从事一项事情，先要决定志向，志向决定之后就要全力以赴毫不犹豫地去实行。

——［美］本杰明·富兰克林

人生活在希望之中。旧的希望实现了，或者泯灭了，新的希望的烈焰随之燃烧起来。

——［法］莫泊桑

希望至少是穷人易得的快乐。

——［法］罗曼·罗兰

最大的希望产生于最大的悲惨境遇中。

——［英］罗素

在生活中应当抱有莫大的希望，并以热情和毅力来开拓自己的希望。

——［德］雷马克

希望在任何情况中都是必需的，如果没有希望的安慰，贫困、疾病、囚禁的悲惨境遇就会不能忍受。

——［美］约翰逊

如果一个人只是过一天算一天，什么希望也没有，他的生命实际上也就停止了。

——［法］莫泊桑

许多人说他的生活已无希望，其实这只是骗人的话，只要他活在世界上一刻，希望便会跃动于他的心中。

——［美］洛韦尔

哪里没有希望，哪里就不可能有努力。

——［美］约翰逊

怀着希望去旅行，比到达目的地更有趣味。

——［英］史蒂文森

我们必须接受有限的失望，但是千万不可失去无限的希望。

——［美］马丁·路德·金

全心贯注于你所期望的事物上，必有收获。

——［美］爱默生

当你的希望一个个落空，你也要坚定，要沉着！

——［美］朗费罗

大多数的人如果不被自己所怀的大的抱负烦忧时，他们都将能成功许多小事。

——［美］朗费罗

希望之"桥"就是从"信心"这个词开始的——而这一条把我们引向无限博爱的桥。

——［丹麦］安徒生

当我们自以为达到了我们所希望的目标的时候，那恰恰是离我们的希望最远的时候。

——［德］歌德

把希望建筑在意欲和心愿上面的人们，二十次中有十九次都会失望。

——［法］大仲马

希望与生命常相伴随。

——［西班牙］塞万提斯

希望至死之前再不休止。

——［美］惠特曼

希望好像一个家庭，没有它，你会觉得生活乏味了，有了它，你又觉得天天为它辛劳，是一种烦恼。

——［美］马克·吐温

热情如水似火，它既是我们忠实的仆人，同时也是最乖戾的主人。

——［古希腊］伊索

我们的激情实际上像火中的凤凰一样，当老的被焚化时，新的又立刻在它的灰烬中出生。

——［德］歌德

人身上原有许多愿望和向往，高贵的冲动和善良的激情，可是这一切都给日常生活中的琐屑事情破坏，被淹没在日常争吵的泥潭里了。

——［德］歌德

我们简直可以断然声称，假如没有热情，世界上一切伟大的事业都不会成功。

——［德］黑格尔

激情是人世间各种事物中真正绝对的东西，它从来不承认自己错了。

——［法］巴尔扎克

兴奋像热情一样，有时会使我们无视人世间的实情。

——［法］大仲马

热情，不小心的时候是自焚的火焰。

——［黎］纪伯伦

三种单纯然而极其强烈的激情支配着我的一生，那就是对于爱情的渴望，对于知识的渴求，以及对于人类苦难痛彻肺腑的怜悯。

——［英］罗素

在人的内心，激情永远产生；一种激情的消逝几乎总是意味着另一种激情的产生。

——［法］拉罗什富科

热情常使最机灵的人变得疯狂；同时也可使最愚蠢的人变得聪明起来。

——［法］拉罗什富科

热情，这是盲目之爱的显著标志。

——［美］比尔斯

任何热情都将随着年岁而逐渐销声匿迹。

——［法］伏尔泰

人生最重要的事就是要有远大的目标，同时要具有能够达到此目标之能力与体力。

——［德］歌德

太阳在远远的地方放射光芒，它的绚丽令我无限向往，虽然那是个我无法到达的地方，但是每当举目眺望那种美景时，我便能朝那个光辉夺目的地方行进。

——罗莎

 故事连接

就在1896年6月4日，福特制造一辆"不用马拉的车"的梦想终于实现了。

这天清晨，亨利·福特与助手们一起，用斧子砍削了有些狭窄的门框，

从家里推出了他们制造的那"不用马拉的车",这就是那种后来称为"四轮车"的汽车。为了制造这种汽车,他们不知熬过了多少夜晚。又经过不断的调试改进和实验,几个月以后,亨利·福特以200美元不菲的价格卖掉了这辆具有开创意义的汽车,这也从此开始了下一步的汽车研究工作。

1903年,酝酿已久的福特汽车公司终于成立了。当时的竞争非常激烈。短短的几年,汽车公司如雨后春笋,纷纷在美国大地上建立。福特公司成立的时候,全美已经有500多家汽车公司,年产汽车已达10万辆。但那些汽车的价格都很高,一般人都不敢问津,那是一种奢侈品。福特就是想让汽车这种交通工具走向一般人的家庭,而不是仅仅满足富人的需求。

为了在竞争中立足并取胜,1907年,亨利·福特开始筹划"新的、更好的家庭骏马"计划。于是他一心埋头于设计之中,目标是设计出一种结构简单的标准化汽车,以便于大规模生产。福特说:"我要大量地生产轿车,给每个家庭使用。这些车人人都能驾驶和修理,价格要低得让一般收入的人家也能买得起,让人们在上帝赐予的大自然和幸福家庭里尽情欢乐。"

1908年,福特的理想变成了现实,一种朴素大方、坚固耐用的黑色长匣子轿车——T型轿车在福特公司投入大量生产,从而开创了轿车生产的新纪元。

因失误而造成的失败,是金钱买不到的经验。

——[俄]哈伯德

如果我们过分爽快地承认失败,就可能使自己发觉不了我们非常接近于正确。

——[英]卡尔·波普尔

失败可能是变相的胜利,最低潮就是高潮的开始。

——[美]朗费罗

单靠压力去慑服别人常常要失败,重要的是要运用耐心和技巧。

——[古希腊]伊索

一个善于捉弄别人的人,到头来常常会掉在自己所设的陷阱中。

——[古希腊]伊索

极少有人是绝对的胜利者或失败者。

——［美］詹姆斯

不愿关心别人的人，对自己也必然漠然不管，古今人类的失败者，多半是这一种。

——［美］斯坦倍克

轻敌，最容易失败。默认自己无能，无疑是给失败制造机会！

——［法］拿破仑

灰心生失望，失望生动摇，动摇生失败。

——［英］弗兰西斯·培根

凡事皆需尽力而为，半途而废者永无成就。

——［英］莎士比亚

千万人的失败，失败在做事不彻底，往往做到离成功还差一步，便终止不做了。

——［英］莎士比亚

小事不忍耐，必招大灾难。

——［英］莎士比亚

失败之前无所谓高手；在失败的面前，谁都是凡人。

——［俄］普希金

我们从失败中学到的东西要比从成功中学到的东西多得多。

——［美］斯迈尔斯

因失误而造成的失败，是金钱买不到的经验。

——［俄］哈伯德

失败实在不是什么稀罕事——最优秀的人也会失败。可贵的是从失败中学到东西。

——［美］海厄特

失败后，要诚实地对待自己，这是最关键的。只有坦率地处理好为什么失败这个问题，才能使失败成为成功之母。

——［美］海厄特

从不获胜的人很少失败，从不攀登的人很少跌跤。

——［美］惠蒂尔

一个人要发现卓有成效的真理，需要千百个人在失败的探索和悲惨的错误中毁掉自己的生命。

——［俄］门捷列夫

失败也是我需要的，它和成功对我一样有价值。

——［美］爱迪生

一个人失败的最大原因，就是对于自己的能力永远不敢充分地信任，甚至自己认为必将失败无疑。

——［美］本杰明·富兰克林

促使成功的最大向导，就是从我们自己的错误中所得来的教训。

——［美］约翰斯顿

一经打击就灰心泄气的人，永远是个失败者。

——［美］毛姆

想匆匆忙忙地去完成一件事以期达到加快速度的目的,结果总是要失败。

——［古希腊］伊索

失败往往是黎明前的黑暗，继之而出现的是成功的朝霞。

——［美］霍奇斯

失败是一种教育，知道什么叫"思考"的人，不管他是成功或失败，都能学到很多东西。

——［美］杜威

如果你问一个善于溜冰的人怎样获得成功时，他会告诉你："跌倒了，爬起来。"这就是成功。

——［英］牛顿

愚人常因把困难看得太容易而失败，智者常因把容易看得太困难而一事无成。

——［英］柯林斯

这世界除了心理上的失败，实际上并不存在什么失败，只要不是一败涂地，你一定会取得胜利的。

——［美］奥斯汀

一时的成就是以多次失败为代价而取得的。

——［英］弗莱明

顺境使我们的精力闲散无用，使我们感觉不到自己的力量，但是障碍却唤醒这种力量而加以运用。

——［英］休谟

能使愚蠢的人学会一点东西的并不是言辞，而是厄运。

——［古希腊］德谟克利特

假如你把所有的错误都犯了以后，最后的结果当然是对的。

——［美］李政道

累累的创伤，就是生命给你的最好的东西，因为在每个创伤上都标示着前进的一步。

——［法］罗曼·罗兰

善于工作的人，能把失败转向成功。

——［法］歌德

舒服的睡眠才是自然给予人的温柔的令人想念的看护。

——［英］莎士比亚

睡眠是片断的死亡，是我们借来用以维持并更新日间所消耗的生命。

——［德］叔本华

睡眠是我们为那笔在死亡时才收回的资本付出的利息；利息率越高，支付越按时，偿清的日期就推得逾迟。

——［德］叔本华

睡眠像是清凉的浪花，会把你头脑中的一切污浊荡涤干净。

——［俄］屠格涅夫

痴人之前莫说梦，梦中说梦愈阔迂。

——［中］刘过

无论大人还是小孩，都应抱着对明天的欢乐期望而入睡。同时，也应以愉快的心情早起，这是长寿的秘诀。

——［日］木村久一

劳作后的睡眠，经过风浪后抵达港口，战争后的安宁，度过一生后的死亡，都给人以极大的安慰。

——［英］斯宾塞

幸福的卑贱者啊，安睡吧！戴王冠的头是不能安于他的枕席的。

——［英］莎士比亚

所谓睡眠，就是一旦闭上眼睛，不论善恶，一切皆忘。

——［古希腊］荷马

一个人倒起运来，就要跟妖怪一起睡觉。

——［英］莎士比亚

人应该早起的，早起看辉煌极了的太阳，因为太阳的光明很难持续一整天的。

——［美］狄更斯

不记得自己睡得不舒服的人就是睡了一个好觉。

——［英］福勒

"自然"给予人们的甘露是睡眠。

——［英］洛克

睡眠是对醒着时的苦恼的最佳治疗。

——［西班牙］塞万提斯

健康是使生活中的一切零都产生价值的那个数字。

——［法］丰特奈尔

有健康的身体才有健全的精神。

——［英］洛克

保持健康，这是对自己的义务，甚至也是对社会的义务。

——［美］富兰克林

我们相互为别人的健康干杯，却弄坏了自己的健康。

——［美］杰罗姆

唯有健康才是人生。

——［德］哈格多思

世界上没有比结实的肌肉和新鲜的皮肤更美丽的衣裳。

——［苏］马雅可夫斯基

世界上最动听的话不是"我爱你"，而是"你的肿瘤是良性的"。

——［美］伍迪·艾伦

健康不是人生的目的，而是最基本的条件。离开了健康就不能工作，至少不能像健康时那样生气勃勃地工作。

——［日］武者小路实笃

良好的健康状况和由之而来的愉快的情绪，是幸福的最好资金。

——［英］斯宾塞

戒烟最容易不过了，我已经戒了上千次了。

——［美］马克·吐温

当我们无所事事的时候，却坚信自己正在干着某种事情，这就是烟草使我们产生的第一个幻觉。

——［美］爱默生

人类所能犯的最大错误就是拿健康来换取其他身外之物。

——［德］叔本华

疾病能感觉到，而健康则一点感觉不到。

——［英］托·富勒

如果你想尽可能保持健康，那么你对健康考虑得越少就越好。

——［美］霍姆斯

消化力强，伺候着健康，而健康则伺候着两者。

——［英］莎士比亚

健康是戴在健康者头上的一项王冠，但除了病人谁也看不见它。

——埃及谚语

疾病是加在悲惨的人生上的税赋，有的人纳税多一些，有的人纳税少一些，但每个人要纳税。

——［英］切斯特菲尔德

第三篇

情感、家庭

快乐往往在你为着一个明确的目的忙得无暇顾及其他的时候突然来访。

——［古希腊］苏格拉底

为真理而斗争是人生最大的乐趣。

——［意大利］布鲁诺

最快乐的事莫过于无拘无束。

——［英］培根

人生是这样易于变化，当快乐在我们前面的时候，我们总应该及时抓住它。

——［法］大仲马

人们往往容易忍受最大的痛苦，而难以享受过度的快乐。

——［法］巴尔扎克

浪花越大，凝立的磐石，在沉默的持守里，快乐也越大了。

——［中］冰心

走运的时候，人人都会兴高采烈。但快乐却不是幸运的结果，它是一种德性，一种英勇的德行。

——［英］斯蒂文生

人生的价值，并不是用时间，而是用深度去衡量的。

——［俄］列夫·托尔斯泰

生活只有在平淡无味的人看来才是空虚而平淡无味的。

——［俄］车尔尼雪夫斯基

一个人的价值，应该看他贡献什么，而不应当看他取得什么。

——［美］爱因斯坦

人只有献身于社会，才能找出那短暂而有风险的生命的意义。

——［美］爱因斯坦

芸芸众生，孰不爱生？爱生之极，进而爱群。

——［中］秋瑾

生活真像这杯浓酒，不经三番五次的提炼呵，就不会这样可口！

——［中］郭小川

充满着欢乐与斗争精神的人们，永远带着欢乐，欢迎雷霆与阳光。

——［英］赫胥黎

追求幸福，免不了要触摸痛苦。

——霍尔特

一个人的崇高源于认识到自己的痛苦。

——［法］帕斯卡尔

最大的痛苦是不能向别人诉说的痛苦。

——马金

痛苦中最高尚的、最强烈的和最个人的——乃是爱情的痛苦。

——［德］恩格斯

令你忍受痛苦的事情，可能令你有甜蜜的回忆。

——［法］福莱

幻想出来的痛苦一样可以伤人。

——［德］海涅

多受痛苦的折磨，见闻会渐渐增多。

——［古希腊］荷马

时间会平息最大的痛苦。

——［英］凯利

适当的悲哀可以表示感情的深切，过度的伤心却可以证明智慧的欠缺。

——［英］莎士比亚

最令人烦恼的事物往往可以使人摆脱烦恼。

——拉·罗什夫科

烦恼如果不显露在你的脸上，就盘踞在你的心里。

——赫维

不要屈服于忧愁，要坚定地抗拒它，否则忧愁这习惯就会得寸进尺。

——［英］史密斯

只有彻头彻尾地经历苦恼，苦恼才能被治好。

——［法］普鲁斯特

一切痛苦能够毁灭人，然而受苦的人也能把痛苦消灭！

——［英］拜伦

我们这些人毕竟是由无限的精神所构成，而且生来就是要经历痛苦和欢乐的，人们不妨可以这样说，最杰出的人总是用痛苦去换取欢乐。

——［德］贝多芬

恨和爱一样，是容易使人轻信的。

——［法］卢梭

当面怕你的人，背后一定会恨你。

——托·福莱

不轻易发怒，胜于勇士。

——［以色列］所罗门

生气，是拿别人的错误惩罚自己。

——［德］康德

在一个人发怒的时候观察他吧，因为那时候他的真性会完全显露出来。

——［尼加拉瓜］阿莱曼

动怒的人张开他的口，但却闭上眼睛。

——卡托

量小者易怒。

——［美］戴里

愤怒以愚蠢开始，以后悔告终。

——［古希腊］毕达哥拉斯

战胜恼怒，比战胜劲敌更难。

——基鲁

稍忍须臾是压制恼怒的最好办法。

——［古希腊］柏拉图

无论你怎样地表示愤怒，却不要做出任何无法挽回的事来。

——［英］培根

寻求报复的人使创痕常新，如果不是这样，那么创痕早就痊愈了。

——［英］培根

说话是银，但沉默是金。

——克莱尔

缄默有时就是最严厉的批评。

——伯斯顿

我深信实事求是而不讲空话的人，一定没有许多话可说。

——［美］爱迪生

虽然言语的波浪永远在我们上面喧哗，而我们的深处却永远是沉默的。

——［黎］纪伯伦

幽默是不肯正经其事的荒谬感。

——厄谢尔

幽默感就是分寸感。

——［黎］纪伯伦

幽默是生活波涛中的救生圈。

——拉布

幽默的内在根源不是欢乐，而是悲哀；天堂里是没有幽默的。

——［美］马克·吐温

做妻子的总以为别人的丈夫比自己的富有；做丈夫的总以为别人的妻子比自己的貌美。

——外国谚语

相貌平平的女人老盯着自己的丈夫，相貌漂亮的女人则一天到晚盯着别人的丈夫。

——［英］王尔德

法律在生活中画了两道平行线，它对夫妇们说："在这两条线中间行走，允许你们在里边相会，但禁止跑出来。"

——［法］普吕多姆

要是一个男人对他妻子不忠实，其妻子将是同情的对象；要是一个女人对她丈夫不忠实，其丈夫则是嘲笑的对象。

——［英］毛姆

所有杰出的非凡人物都有出色的母亲，到了晚年都十分尊敬自己的母亲，把她们当作最好的朋友。

——［英］狄更斯

父亲对孩子做的最大的好事，莫过于爱他们的母亲。

——［德］海斯堡

人世间最美丽的情景是出现在当我们怀念母亲的时候。

——［法］莫泊桑

母爱是多么强烈、自私、狂热地占据我们整个心灵的感情啊！但我并不认为它是十分值得钦佩的，要是能爱所有的孩子，那才值得无比钦佩。

——［美］邓肯

在孩子的嘴上和心中，母亲就是上帝。

——［英］萨克雷

所有的女人都将像她母亲一样，这就是女人的悲剧；男人不听从他母亲，是男人的悲剧。

——［英］王尔德

幸福的家庭，父母靠慈爱当家，孩子也是出于对父母的爱而顺从大人。

——［英］培根

"为人父母"是一个重要的职业。但是直到现在，从来不曾为这项职业举行过测验。

——［爱尔兰］萧伯纳

母亲正显示上一代对下一代的关系，也显示生命毕竟是一条道路，生命的本质存在于传达生命的运动中。

——［法］柏格森

母亲花二十年工夫把她的男孩养成一个男子汉，到了另一个女人手里，只消二十分钟，就会把他变成一个笨汉。

——佚名

只有经受了考验，经历了生活患难的感情，才是真正的感情。

——［苏］格·马尔科夫

不尊重别人感情的人，最终只会引起别人的讨厌和憎恨。

——［美］卡耐基

在情感的海上，没有指南针，只好在奇异的事件前面束手无策地随意漂流。

——［法］巴尔扎克

情感的本身来源于我们的需要，而情感的发展则来源于我们的认识。

——［法］卢梭

当我面对所有焦虑的时候，我记起了一位老人临死前说的话，他说他一生有很多忧心的事，但多数都没有发生。

——［英］丘吉尔

激情是人世间各种事物中真正绝对的东西，它从来不承认自己错了。

——［法］巴尔扎克

情感丰富固然是一切美德的源泉，但也是酿成许多灾难的始因。

——［美］杰弗逊

在不同的环境中，人类的情感怎样变幻无常啊！我们今天所爱的，往往是我们所恨的；我们今天所追求的，往往是我们明天所逃避的；我们今天所愿望的，往往是我们明天所害怕的，甚至是胆战心惊的。

——［英］笛福

情感就是对自己的爱，对痛苦的忧虑，对死亡的恐惧和对幸福的向往。

——［法］卢梭

价值产生信心，信心产生热忱，而热忱则征服世界。

——［美］柯亭姆

感情的长处在于会使我们迷失方向，而科学的长处就在于它是不动感情的。

——［英］王尔德

抵制情感的冲动，而不是屈从于它，人才有可能得到心灵上的安宁。

—— [美]威廉·伊萨克·托马斯

情感在很大程度上依赖于悟性。由于情感的活动，我们的理性才能够趋于完善。

—— [法]卢梭

人是容易受感动而有同情心的生物。

—— [法]卢梭

万物的生存均取决于自然力的竞争，而感情本身就是有生命的自然力。

—— [英]蒲伯

人是可以控制行为的，但是却不能约束感情，因为感情是变化无常的。

—— [德]尼采

感情常常是由于精神的偏颇而来。精神如果不是偶尔的感情投影的话，它将变得更灵活。

—— [法]萨尔丹

感情衰退使杰出的人失色。

—— [德]歌德

一个人的情感完全受着喜恶的支配。

—— [英]莎士比亚

同情仅次于爱，是人生最圣洁的感情。

—— [美]贝克·雷

人类在出生时，就是带着感情而来的。

—— [日]德富卢花

人们烦恼、迷惑，实因看得太近，而又想得太多。

—— [法]罗曼·罗兰

我懂得了一个亲密无间的家庭可以给人以力量；我懂得了奋斗，即使时运不济；我懂得了不可绝望，哪怕天崩地裂；我懂得了世上没有免费的午餐；我懂得了辛勤工作的价值。

—— [美]李·艾柯卡

故事连接

李·艾柯卡是美国底特律一位家喻户晓的人物，是他力挽狂澜，使得克莱斯勒汽车公司起死回生。

李·艾柯卡早在利哈伊大学读书期间，就是一位不错的校刊记者。他曾为一位利用木炭作动力创制出小汽车的教授写过一篇新闻报道，并绞尽脑汁为这篇报道起了一个醒目的标题。文章发表后被美联社采用，并被成百上千的报纸转载。

李·艾柯卡说："我了解到许多人并不看报纸内容，只看大标题和副标题，也就是说大标题或副标题可以对读者产生很大的左右力量。"凭借这篇文章，李·艾柯卡被校刊聘为版面编辑，实现了双赢。

20世纪60年代初，福特汽车的销售一度处于疲软状态，身为总经理的李·艾柯卡为了打破市场僵局，迎合人们喜新厌旧、经济实惠的消费心理，亲自主持研制野马牌轿车。

在研制初始，李·艾柯卡就宣言："'野马'必须华丽时髦，引人注目，容易辨认，在市场上一看就有别于其他车。"他专门请福特的广告代理商为新车取名，"野马"一名便出自广告人的大脑。

野马车投放市场之前，为了给车定一个能够让公司获利、让消费者接受的价位，李·艾柯卡还做了一次对野马车价位论证的市场调查。他们在底特律地区选择了52对工资收入一般，且已拥有一辆家用轿车的夫妇前来参观野马车样品。

李·艾柯卡发现，白领夫妇对野马车颇感兴趣，而蓝领夫妇则认为野马车太奢侈。然而，他们每个人猜的价格都比车的预定价格至少高出1000美元。李·艾柯卡不失时机地把车的实际价位告诉了这52对夫妇，气氛顿时发生了变化。有一位说："如果我把车往道上一停，我的左邻右舍都会以为我发了一笔横财。"另一位说："它看上去不像一辆普通的车，却可以用普通的价格买到。"

李·艾柯卡的心中有数了，他将原先告诉52对夫妇的不高于2500美元的价位，敲定为2368美元，并决定在广告宣传上一定要标明野马车的价位。野马车不负众望，仅上市的头两年，就让公司获利11亿美元。

离开福特公司后，李·艾柯卡来到了克莱斯勒公司，出任董事长。当时克莱斯勒公司正面临破产危机，为了挽救克莱斯勒公司，李·艾柯卡频繁穿梭于白宫与国会之间，希望能从政府获得贷款。为了争取到更多人的支持，李·艾柯卡决定制作一系列广告来实现危机公关。他希望借助广告明确地告诉公众：第一，克莱斯勒公司决不会关门；第二，我们正在生产美国真正需要的汽车。

与李·艾柯卡有着长期合作关系的克·埃广告公司经过一番绞尽脑汁的创作，一条条直率、坦诚的公关广告开始在各大媒体上频频亮相。这一系列广告的特别之处还在于，李·艾柯卡在每条广告文下方都签上了自己的大名，他向社会公众宣布：一家即将破产公司的老板把自己的声誉全都搭在企业上，用自己的全部心智创造产品。

这一系列广告在政府以及社会公众中引起很大反响，一时间，克莱斯勒成了社会各阶层的热门话题，最终政府决定给予克莱斯勒公司贷款。

当时的美国总统卡特曾对李·艾柯卡调侃地讲："我和我的妻子都很欣赏你在电视上做的广告，你已经变得和我一样出名了。"

"人不能陷在痛苦的泥潭里不能自拔——遇到可能改变的现实，我们要向最好处努力；遇到不可能改变的现实，不管让人多么痛苦不堪，我们都要勇敢地面对，用微笑把痛苦埋葬。有时候，生比死需要更大的勇气与魄力。"

——伊丽莎白·康黎

 故事连接

二战期间，在庆祝盟军于北非获胜的那一天，一位名叫伊丽莎白·康黎的女士收到了国防部的一份电报，上面写的是她的独生子不幸在战场上牺牲了。

要知道，那是她最爱的儿子，惟一的亲人，生命的支柱！这个突如其来的严酷事实，说什么她也接受不了。她精神接近了崩溃的边缘。在人们苦口婆心地劝导下，她才放弃了自杀的念头，但她已心灰意冷，决定放弃工作，远离家乡，然后默默地打发日子。

就在她收拾行装的时候，忽然发现了一封几年前的信，那是她儿子在到达前线后寄给她的。

信上写道："请妈妈放心，我永远不会忘记你对我的教导，不论在哪里，也不论遇到什么灾难，都要勇敢地面对生活，像真正的男子汉那样，能够用微笑承受一切不幸和痛苦。我永远以你为榜样，永远记着你的微笑。"

她热泪盈眶，把儿子写给她的这封信读了一遍又一遍。此时此地，儿子仿佛就在自己的身边，那双炽热的眼睛注视着她，接着便听到他关切地问候："亲爱的妈妈，你为什么不照你教导我的那样去做呢？"

终于，伊丽莎白·康黎打消了背井离乡的念头，一再对自己说："告别痛苦的手只能由自己来挥动。我应该用微笑埋葬痛苦，继续顽强地生活下去，我没有起死回生的能力改变它，但我有能力继续生活下去。"

后来，伊丽莎白·康黎写了很多东西，其中《用微笑把痛苦埋葬》一书很受读者的欢迎，她在这本书中写下了一句她刻骨铭心的话："因此，人不能陷在痛苦的泥潭里不能自拔——遇到可能改变的现实，我们要向最好处努力；遇到不可能改变的现实，不管让人多么痛苦不堪，我们都要勇敢地面对，用微笑把痛苦埋葬。有时候，生比死需要更大的勇气与魄力。"

你可曾想到，失去了爱，你的生活就脱离了轨道。

——［法］拿破仑

爱是需要彼此牺牲的，单方面的牺牲，只能造成单方面的爱。

——［法］罗曼·罗兰

 **故事连接**

罗曼·罗兰的初恋是甜蜜而又哀伤的。他在《回忆玛尔维达》中，他

回忆了自己刻骨铭心的初恋。

1890年1月，罗曼·罗兰在拜访玛尔维达·冯·梅森堡时，遇见了两个漂亮的姑娘，她们几乎同时都赢得了罗曼·罗兰的心。他对此毫不隐讳地说："按照习俗和惯例，人们必须进行选择。我在她们之间反复挑选，选来选去，最后我觉得我所爱的不是这一个或那一个，而是两个都爱。"

但是，现实中的他必须有所选择，于是他决定要爱那个淡金色头发的翁布里亚。可就在罗曼·罗兰与她谈话时，她总是百无聊赖地打着哈欠，一点儿也不来电。罗曼·罗兰决定去爱另一个，但她也全然不把罗曼·罗兰放在心上。这双重的打击使罗曼·罗兰不得不承认一切不过是自己在自作多情。

这段感情的经历使罗曼·罗兰品尝到了爱情的甜蜜与痛苦，但他并未对自己的爱而后悔，反而在超越这段痛苦后变得心胸更加豁达，境界更加高远。

人类最悲哀的错误，是愚蠢得不屑一顾自然赋予之礼物的价值，反而认为，不可能到手的财宝才是贵重的。

——［德］海涅

只有在纸上，人类才得到荣誉、美、真理、知识、美德和持久的爱情。

——［英］萧伯纳

 故事连接

有一次，一位银行家问法国著名作家大仲马："听说，你有四分之一的黑人血统，是不是？"

"我想是这样。"大仲马说。

"那令尊呢？"

"自然是有一半黑人血统。"

"令祖呢？"

"当然是全黑。"大仲马答道。

"请问，令曾祖呢?"银行家打破沙锅问到底。

"人猿。"大仲马一本正经地说。

"阁下可是开玩笑?这怎么可能!"

"真的，是人猿，"大仲马怡然说，"我的家族从人猿开始，而你的家族到人猿为止。"

任何事物，包括人的情感在内，都不可能是"琐碎的"。令人震惊的恩泽使除了它自己以外的一切显得无足轻重。

——［美］艾米莉·狄更生

我们绝不能沉迷于对人类的否定观点，因为我们如果那样做，就会使坏人认为自己并不比别人更坏，而好人则会觉得自己的善行完全是徒劳。

——［特立尼达和多巴哥］兰多尔

故事连接

英国大版画家、诗人威廉·布莱克一生制作了大量钢板画插图，同时也创作了不少相当高水平的诗歌。尽管他生前并未被重视，但其价值却是不可低估的。像许多艺术家一样，他对艺术世界迷恋得近乎痴醉，常常沉湎其中而忘记了还有现实世界。

有一次，布莱克和他的妻子凯瑟琳模仿弥尔顿《失乐园》中所描绘的情景，一丝不挂地坐在他们的花园里，忘情地朗诵着《失乐园》里的诗句。

正在这时，有客人来访，布莱克毫不窘迫地对客人喊道："请进!这儿只有亚当和夏娃。"

留在一个人脑子里和心灵中的乡音和他话语里的乡音一样多。

——［法］拉罗什福科

我坚持我的不完美，它是我生命的真实本质。

——［法］阿纳托尔·弗朗士

青春励志

名言
——聆听智者的声音

毕加索漫长的一生都在不倦地、无畏地探索，因此有人称他是艺术的前卫。这种做"前卫"的甘苦，体验最深的莫过于毕加索自己了。他曾这样说过："前卫受到的从后边来的攻击要比从前边来的多得多。"然而，很多人不曾用心去体味他的甘苦。一次，有一群崇拜新花样的艺术青年去请教毕加索，问他按照立体派的原则，画人的脚该画成圆的还是方的。毕加索以权威的口气回答说："自然是根本就没有脚!"

身为前卫的他还闹过一次笑话。

那是1917年，伟大的作曲家斯特拉文斯基访问罗马和那不勒斯，在这次旅行中，他结识了西班牙大画家毕加索。一经交谈，两人很快结为密友。临别时，毕加索特意为斯特拉文斯基画了一幅他的肖像画，以作留念。

可是，就在斯特拉文斯基回瑞士时，海关人员检查行李，发现了皮箱里这张让他觉得很奇怪的文件。

"这上面画的是什么?"海关人员取出"文件"，用警觉的目光盯着斯特拉文斯基。

"毕加索给我的肖像画。"斯特拉文斯基非常坦然又自豪地回答道。

"不可能。这是平面图。"

"对了!是我的脸的平面图。"

然而，无论斯特拉文斯基怎样解释、说明，认真负责的海关还是把画给没收了，他认定这是某个战略工事的经过伪装的平面图。这件事传到毕加索耳朵里，毕加索笑着说："这样看来，毕加索不仅仅是个糟糕的肖像画家，还是个出色的军事家。"

让我不要存在吧，如果在我心里不会发生潘多拉式的战斗——激情反对理智、理智反对信仰、信仰反对魔鬼，还有我的良心反对一切。

——［英］托马斯·布朗

群体由我们每一个人组合而成。究竟谁能出人头地，全凭机遇。

——［法］亨利·德·蒙泰朗

故事连接

苏联诗人马雅可夫斯基，15岁就参加了布尔什维克，他常常把"十月革命"亲切地抒写为"我的革命"。

有人刁难他，说什么："你啊，在诗中常常写我、我、我，难道还称得上是无产阶级集体主义的诗人吗？"诗人幽默地反唇相讥："向姑娘表白爱情的时候，你难道会说我们、我们、我们爱你吗？"

有一次在朗诵会上，马雅可夫斯基朗诵了自己的新作之后，收到一张条子。条子上说："马雅可夫斯基，您说您是一个集体主义者，可是您的诗里却总是'我'、'我'……这是为什么？"马雅可夫斯基宣读了条子后答道："尼古拉二世却不然，他讲话总是'我们'、'我们'……难道你以为他倒是一个集体主义者吗？"

又有一次，马雅可夫斯基在路上见到有个头戴小帽的女人，有许多人集在她的周围，用各种各样最荒谬的谣言来诬蔑、中伤布尔什维克，马雅可夫斯基很生气，当即用有力的双手分开人群。直扑到这个女人跟前说："抓住她，她昨天把我的钱袋偷跑了！"

那女人惊慌失措，含糊地嘟哝着："你搞错了吧？"

"没有，没有，正是你，偷了我25卢布。"

围着那女人的人们开始讥笑她，四散走开了。人们走光以后，那女人一把眼泪、一把鼻涕地对马雅可夫斯基说："我的上帝，你瞧瞧我吧，我可真的是第一回看见你呀！"

马雅可夫斯基答道："可不是吗？太太，您这才头一回见到一个布尔什维克，却就大谈特谈起布尔什维克们来了……"

婚姻是两个人精神的结合，目的就是要共同克服人世的一切艰难、困苦。

——［苏］高尔基

只有爱情才能使婚姻神圣，只有使爱情神圣的婚姻才是真正的婚姻。

——［俄］列夫·托尔斯泰

在婚姻中，每个人都要付出代价，同时也要收回点什么，这是供求规律。

——［法］罗曼·罗兰

已婚的人从对方获得的那种快乐，仅仅是婚姻的开头，绝不是其全部意义。婚姻的全部含义蕴藏在家庭生活中。

——［俄］列夫·托尔斯泰

你"匆匆忙忙嫁人"，就是甘冒成为不幸者的风险。

——［苏］苏霍姆林斯基

既然婚姻可以实现它的可能性，丈夫和妻子都必须明白，无论法律如何规定，他们在自己的私生活中必须是自由的。

——［英］罗素

和丈夫志同道合，就是婚姻美满的一个基础。

——［美］卡耐基夫人

婚姻是一次长谈，杂以争辩。

——［英］史蒂文森

婚姻是一张即使赌输了也不能撕毁的彩票。

——［美］海伦·罗兰

有时婚姻也会使一个女性迷失自己——不然，世界上杰出的女性原应多得多。

——［中］三毛

婚姻是一种必要的苦恼。

——［印度］罗纳德

信任是婚姻关系中两个人所共享的最重要的特质也是建立愉快的、成长的关系所不可短缺的。

——［美］尼娜·欧尼尔

我不仅把婚姻描写为一切结合之中最甜蜜的结合，而且还描写为一切契约之中最神圣不可侵犯的契约。

——［法］卢梭

没有冲突的婚姻，几乎同没有危机的国家一样难以相像。

——［美］安德烈·莫鲁瓦

婚姻产生人生，爱情只产生快乐，快乐消失了，婚姻依旧存在，且更诞生了此男妇结合更可贵的价值。

——［法］莫罗阿

婚姻成功最大的秘诀便是把所有的灾难看成意外事件，而任何意外事件都不当作灾难。

——［德］尼寇尔泰

整天哪儿有那么多爱呀，情呀，凡是要死要活的大多长不了，一时一阵行，可那不叫婚姻。

——［中］赵忠祥

婚姻就像一把剪刀，两片刀锋不可分离，虽然使用的方向相反，但是对介入其中的东西总是联合起来对付。

——［英］史密斯

婚姻需要两个明智的人的不断的培育，关键在于不要自满，要永远去改善你的婚姻。

——［阿根廷］弗罗伦斯·伊萨克斯

婚前曾经为短暂别离而饱尝痛苦的夫妻，如今能变得水火不容，竭力不相往来，并在寻找别的消愁解闷，给日常生活增添点什么欢乐气氛的途径。

——［苏］苏霍姆林斯基

婚配就是两个相爱的强者同舟共济，以便一道战胜岁月征途上的风风雨雨。

——［黎］纪伯伦

结婚就意味着平分个人权益，承担双份义务。

——［德］叔本华

美满的婚姻是难得一遇的。

——［英］培根

没有真正的爱情的婚姻，是一个人堕落的起点。

——［美］海明威

多少妇女为了孩子的利益，强迫自己忍受不顺心的婚姻。

——［法］罗曼·罗兰

婚姻必须首先出于依恋之情，如果您愿意，也可以说是出于爱情，如果有了这种感情，只有在这种情况下，婚姻才可能说是神圣的。

——［俄］列夫·托尔斯泰

恋爱总比婚姻更令人愉快，恰似小说总比历史更令人愉快。

——［法］尚福尔

婚姻一开始两方面就不能以身以心赤诚相爱，一旦瓦解起来也就比什么都快。

——［奥地利］弗洛伊德

结婚后夫妇间的关系并不是单方面的要求和给予，必须各尽所能，各得其所，才可能发挥的极致。

——［爱尔兰］萧伯纳

缺少爱情即无完美婚姻。

——［法］罗曼·罗兰

在幸福的婚姻中，每个人应尊重对方的趣味与爱好。以为两个人可有同样的思想，同样的判断，现样的欲愿，是最荒唐的念头。

——［法］摩路瓦

婚姻生活者，半睁眼半闭眼地生活也，天下没有十全十美的男女，如果眼睛睁得太久，或用照妖镜照得太久，恐怕连上帝身上都能挑出毛病。

——［中］柏杨

在玫瑰花的充裕的光阴里，爱情是酒；在花瓣凋谢的时候，爱情是饥饿时刻的粮食。

——［印］泰戈尔

爱是没有界限的。

——［法］加缪

我宁肯为我所爱的人的幸福而千百次地牺牲自己的幸福。

——［法］卢梭

爱情，是一根魔杖，能把最无聊的生活也点化成黄金。

——［美］劳伦斯

爱情是无邪的，神圣的。

——［俄］陀思妥耶夫斯基

爱情是生命的火花，友谊的升华，心灵的吻合。如果说人类的感情能区分等级，那么爱情该是属于最高的一级。

——［英］莎士比亚

真正的爱情，绝对是天使的化身，一段孽缘，不过是魔鬼的玩笑。

——［中］三毛

爱情是这样看待时间的：一小时等于一月，一天等于一年；每个小小的离别是多么漫长的岁月。

——［英］德莱顿

眼泪是爱情的香料，浸在眼泪中的爱情是最可爱的爱情。

——［英］司各特

就是我们之中最智慧的，也在爱情的重压下低下头来，但是事实上爱情却轻盈得像愉快的轻风一样。

——［德］歌德

闪电照耀一瞬间，而爱情却照耀一生。

——［苏］苏霍姆林斯基

只有爱能够创造真正生命的坚实东西。

——［俄］赫尔岑

伟大的爱情能使最平庸的人变得敏锐、勇于献身、充满信心。

——［法］安德烈·莫洛亚

关于爱，我们可以说：越纯洁，越含蓄。

——［英］哈代

爱的构造是矛盾的。在不同的场合下，它既是生命力的昂扬，同时又

含有生命的危机。

——［日］今道友信

什么是爱？爱就是无限的宽容，些许之事也能带来的喜悦。爱就是无意识的善意，自我的彻底忘却。

——［法］萨尔丹

爱，冲破了时间的限制，使未来和过去相连。

——［德］缪勒

所谓爱，其实就是一般坦白的人对赐予他们快乐的人表示的热烈的感激。

——［法］巴尔扎克

没有一场深刻的恋爱，人生等于虚度。

——［法］罗曼·罗兰

爱情不会没有暂时的冷却，在人与人之间的关系中也不会不发生误会。

——［苏］扎采宾

爱情是不按逻辑发展的，所以必须时时注意它的变化。爱更不是永恒的，所以必须不断地追求。

——［中］柏杨

要记住，爱情是意味着对你爱侣的命运承担责任。

——［苏］苏霍姆林斯基

能使你所爱的人快乐，这是世间最大的幸福。错过这样的幸福是荒唐的。

——［法］罗曼·罗兰

爱不贵亲爱，而贵长久。

——［美］海伍德

你应该爱得热烈些，那么你的爱就变成信仰了，凡是没有信仰的人就不能够爱。

——［俄］列夫·托尔斯泰

真诚的爱情是最高的法律。

——［法］罗曼·罗兰

爱可以战胜死亡和对死的恐惧。只有爱才能使生命维持和延续下去。

——［俄］屠格涅夫

青春励志

名言

——聆听智者的声音

真正的爱情始终使人向上。

——［法］小仲马

爱是需要彼此牺牲的，单方面的牺牲，只能造成单方面的爱。

——［法］罗曼·罗兰

真正的爱是稀世珍品，财富买不到，权势也占不了。

——［德］托马斯·曼

对于一个深爱的人，无论对方遭遇眼瞎、口哑、耳聋、颜面烧伤、四肢残缺……都可以坦然面对，照样或更当心地爱下去。

——［中］三毛

爱是人们心里的火头，它是无尽期、无止境的，任何东西所不能局限、任何东西所不能熄灭的。人们感到它一直燃烧到骨髓，一直照耀到天际。

——［法］雨果

爱是生命的火焰，没有它，一切变成黑夜。

——［法］罗曼·罗兰

真正的爱情像美丽的花朵，它开放的地面越是穷瘠，看来就格外悦眼。

——［法］巴尔扎克

真正的爱就要把疯狂的或是近于淫荡的东西赶得远远的。

——［古希腊］柏拉图

我愿意是树，如果你是树上的花；我愿意是花，如果你是露水；我愿意是露水，如果你是阳光。

——［匈牙利］裴多菲

忠诚的爱情充满在我的心里，我无法估计自己享有的财富。

——［英］莎士比亚

假如你不让树木长叶、开花、结果，它便会枯死；假如你不让爱表现自己，爱便会呛死于自己的血液中。

——［德］费尔巴哈

纯洁的爱情使青年人健康成长；轻浮的爱情、消愁解闷的爱情使他们堕落。

——［苏］苏霍姆林斯基

若是为女人而沉湎于情网不能自拔，对于自己是一笔损失。

——［俄］屠格涅夫

你知道，爱就是火，火总是光明的。

——［英］勃朗宁夫人

我的慷慨像海一样浩渺，我的爱情也像海一样深沉；我给你的越多，我自己也越是富有，因为这两者都是没有穷尽的。

——［英］莎士比亚

爱情是我们心中一种无限的情感和外界一种有形的美好理想的结合。

——［法］巴尔扎克

爱情从回顾过去与憧憬未来中吸取养料。

——［法］雨果

爱情——天作之合，心灵纯洁的联系！当两颗心在倾爱中渐渐老去……尽管失去了火焰，却依然保持着光辉。

——［法］雨果

愉快的笑声——这是精神健康的可靠标志。

——［苏］高尔基

无论如何，笑总是一件好事。如果一根稻草能逗人发笑，它就成了一种制造幸福的仪器。

——［英］德莱顿

充满着欢乐与战斗精神的人们，永远带着欢乐，欢迎雷霆与阳光。

——［英］赫胥黎

对我来说，保持健康的方法，不是讲营养，吃补药，而是一句话："在微笑中写作。"

——［中］冰心

只要你能把假看作真，那么真心诚意的笑将跟随而来，几乎可以起到和真笑相同的效果。

——［美］安尼特·古德哈特

笑是人高于动物的不多的优点之一。

——［苏］高尔基

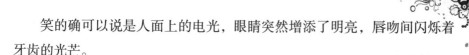

笑的确可以说是人面上的电光，眼睛突然增添了明亮，唇吻间闪烁着牙齿的光芒。

——[中]钱钟书

笑是开心药，心情欢愉病自退。

——[中]韩永华

笑是愉快、滑稽和诙谐的代名词。

——[法]让·诺安

笑是感情的舒展，泪是感情的变化。

——[中]柯灵

笑，就是阳光，它能消除人们脸上的冬色。

——[法]雨果

恰恰犹如医生检查身体所有其他方面的状况一样，笑也成为衡量身体健康的一种正确有效的指示器。

——[美]雷蒙德·穆迪

真正的笑，就是对生活的乐观，对工作的快乐。对事业的兴奋。

——[美]爱因斯坦

能做到快乐、节制和静养，就可把大夫拒之门外。

——[美]朗费罗

情忧不在多，也能伤神。

——[中]孟郊

隐藏的忧伤如熄火之炉，能使心烧成灰烬。

——[英]莎士比亚

心里最好常常保持快乐，这样就能防止有病，延长寿命。

——[英]莎士比亚

心胸宜开不宜郁，郁则百病生，开则百病除。

——[中]罗明山

世间上有许多漂亮的女人，心中的忧虑过多，年龄未老，而美貌已经消逝了。

——[法]司汤达

只有乐观与希望，才能有助于我们生命的滋长，能够鞭策我们的奋斗意志，生出无比的力量。

——［德］康德

只有对前途乐观的人才能不怕黑暗，才能有力量去创造光明。

——［中］李广田

乐观是一首激昂优美的进行曲，时时鼓舞着你对事业的进取精神。

——［法］大仲马

一笑解衰容。

——［中］陆游

如果人是乐观的，一切都有抵抗，一切都能抵抗，一切都会增强抵抗力。

——［中］瞿秋白

求乐的人生观，才是自然的人生观，真实的人生观。

——［中］李大钊

忧郁并不能借忧郁解放，解放忧郁的唯有笑。

——［中］徐懋庸

我主张快乐。快乐生健康，健康生快乐；乐观会使人进步，会使事业成功。忧患生疾病，疾病生忧患。

——［中］颜文梁

要说(保持健康)有什么秘诀的话，那就是思想开朗，精神乐观，不计较个人得失。

——［中］李贞

真正乐观主义的人是用积极的精神向前奋斗的人，是战胜愁虑穷苦的人。

——［中］邹韬奋

人无忧，故自寿。

——［中］郑伯谦

人生不怕难，就怕愁莫展。能求苦中乐，再难也要活。

——［中］罗明山

人活着总是有趣的，即便是烦恼也是有趣的。

——［美］亨利·门肯

感情和愿望是人类一切努力和创造的背后动力。

——［美］爱因斯坦

任何感情只有在自然的时候才有价值。

——［俄］柯罗连科

情感——这是道德信念、原则和精神力量的核心和血肉；没有情感，道德就会变成枯燥无味的空话，只能培养伪君子。

——［苏］苏霍姆林斯基

理性为感情所掌握，如同一个软弱的人落在泼辣的妇人手中。

——［波斯］萨迪

愿望是半个生命，淡漠是半个死亡。

——［黎巴］纪伯伦

一个充满了感情的演说者，常常使听众和他一起感动，哪怕他所说的什么内容都没有。

——［古希腊］亚里士多德

有时有一些非常美的感情，却不能找到很好的理由，……有一些很坏的感情，却能找到很好的理由。

——［美］詹姆斯

感情在无论什么东西上面都能留下痕迹，并且能穿越空间。

——［法］巴尔扎克

面孔是心灵的镜子，眼睛无言，但说出了内心的秘密。

——［古罗马］哲罗姆

理智编织起来的均被感情拆散。

——［英］蒲柏

谁脸上不发出光明，谁就永远不会变成一颗星。

——［英］布莱克

奇怪的是，人们总是急于去掩饰自己最美好的而不是最恶劣的感情。

——［英］兰多

我不喜欢情感中的三种变化：悲伤时忽然发笑；忧郁时突然暴跳；愤怒

时突然恐惧。特别是最后一种，我厌恶并且鄙夷。

——［中］刘心武

情感丰富固然是一切美德的源泉，但也是酿成许多灾难的始因。

——［美］杰弗逊

做自己感情的奴隶比做暴君的奴仆更为不幸。

——［古希腊］毕达哥拉斯

情感在很大程度上依赖于悟性。由于情感的活动，我们的理性才能够趋于完善。

——［法］卢梭

所有一切我们能够加以控制的情感都是合法的，所有一切反过来控制我们的欲念就是犯罪。

——［法］卢梭

女人哭泣是一种由沉重而轻松的快慰，男人哭泣是一种由无奈而绝望的痛苦。

——［中］原野

眼泪是悲哀的无声的言辞。

——［法］伏尔泰

即便是世界上最天真的男人，也免不了要向情人表现自己的伟大。

——［法］巴尔扎克

我一贯认为男人的容貌如何是无关紧要的。我更感兴趣的是一个人的头脑，而不是他的外貌。

——［美］毛姆

只有骄傲和自信，才是女人最好的装饰品。一个没有信心，没有希望的女人，就算她长得不难看，也绝不会有那种令人心动的吸引力。这就正如在女人眼中，只要是成功的人，就一定不会是丑陋的。只有事业的成功，才是男人最好的装饰品。

——［中］古龙

聪明的女人都知道对付男人有种最好的战略，那就是让男人觉得她软弱。所以看来最软弱的女人，其实也许比大多数男人都坚强得多。

——［中］古龙

家庭和睦是人生最快乐的事，我宁愿用一小杯的真爱织成一个美满的家庭，不愿用几大船的家具，组成一个索然无趣的家庭。

——［德］海涅

没有比围炉团聚更愉快的事了。

——［古罗马］西塞罗

和睦的家庭空气是世界上的一种花朵，没有东西比它更温柔，没有东西比它更知道把一家人的天性培养得坚强、正直。人生真正的幸福和欢乐，浸透在亲密无间的家庭关系中。

——［美］德莱塞

要想建立爱的家庭，必须先有爱家的思想。

——［法］梅恩

亲人不睦家必败。

——［美］林肯

屋里若有爱长驻，有友情为贵客，就是真正的家，甜蜜的家；因为在那儿，心灵可以休息。

——［美］亨利·凡·戴克

屋是墙壁与梁所组合；家是爱与梦想所构成。

——［印］泰戈尔

对于亚当而言，天堂是他的家；然而对于亚当的后裔而言，家是他们的天堂。

——［法］伏尔泰

一家人能够互相密切合作，才是世界上唯一真正的幸福。

——［波兰］居里夫人

家庭是学习举止礼貌的好场所。如果你的孩子成人后有良好的举止，这会使他们更加惬意舒适。

——［意大利］索菲娅·罗兰

幸福的家庭都是相似的，不幸的家庭各有各的不幸。

——［俄］列夫·托尔斯泰

没有和睦的家庭，便没有安定的社会。

——［日］池田大作

真诚的爱情是最高法律。

——［法］罗曼·罗兰

爱情经受着狂风骤雨，它活着，发出纯洁的美丽光辉，爱情啊，它就是崇高思想的姐妹。

——斯契潘乔夫

 故事连接

两汉时期，蜀中才子司马相如赴考中榜，官拜中郎将。他渐渐忘记了自己的妻子以及自己对妻子的诺言。不知不觉5年过去了，他才给妻子写了一封信，全封信上只有"一二三四五六七八九十百千万"这几个数目字。

聪明的妻子卓文君一看，马上就明白丈夫已经变了心，于是巧妙地将丈夫信中的数目字，先顺后倒地联成这样的一首情诗：

一别之后，二地相思，只说三四月，又谁知五六年，七弦琴无心弹，八行字无可传，九连环从中折断，十里长亭望眼欲穿。百思想，千系念，万般无奈把郎怨。

万语千言说不完，百无聊赖十依栏，重九登高看孤雁，八月中秋月圆人不圆，七月烧香秉烛问问苍天，六月伏天人人摇扇我心寒，五月石榴如火偏遇阵阵冷雨浇花端，四月枇杷未黄我欲对镜心意乱，急匆匆，三月桃花随水流，飘零零，二月风筝线儿断，噫！郎啊郎，巴不得下一世你为女来我为男。

司马相如读完信后，深感愧疚，实在有负贤惠的妻子。他终于翻然醒悟，马上高车驷马，亲自回家乡接卓文君到长安，夫妻厮守一生。

第四篇

品格、修养

人生是花，而爱是花的蜜。

——［法］雨果

爱是生命的精华。

——［德］波丁沙托

爱是联系心灵之环。

——［德］格林

爱的本质是精神的光明。

——［瑞典］斯维东堡

爱是生命的火焰，没有它，一切变成黑夜。

——［法］罗曼·罗兰

一颗仁爱的心比智慧更好，更有力量。

——［英］狄更斯

爱为美德的种子。

——［意］但丁

爱的本质是主动给予，而不是被动接受。

——［德］弗洛姆

博爱者，人生最贵之道德也。

——［中］蔡元培

能自爱，才能爱人。

——［中］鲁迅

无仁爱之心者，视一切财产为己有；有仁爱之心甘为他人而献身。

——［印度］瓦鲁瓦尔

我们的心犹如一座矿山，爱是黄金，恨是铁。

——［法］巴尔扎克

人间如果没有爱，太阳也会灭。

——［法］雨果

爱是真正能使人复苏的动力。

——［德］歌德

没有爱的光辉，人生便无价值。

——［德］希勒

仁者，爱人也。

——（春秋）孔子

爱人者必见爱也，而恶人者必见恶也。

——（春秋）墨子

仁者必敬人。

——（战国）荀子

仁，人心也；义，人路也。

——（战国）孟子

仁之胜不仁也，犹水胜火。

——（战国）孟子

仁者爱万物。

——（汉）司马迁

爱之欲其富，亲之欲其贵。

——（汉）司马迁

仁不异远，义不辞难。

——（汉）班固

积爱成福，积怨成祸。

——（汉）刘安

爱人多容，可以得众。

——（晋）陈寿

以为别人傻的人，自己才傻！先诚诚实实做人，再兢兢业业做事！

——［中］周国良

故事连接

1947年，周国良出生在浙江省温州永嘉的桥头镇，是家里六个子女中的老大。父亲在一家国营小厂做副厂长，每月的工资只有37元，要支撑一个大家庭十分艰难，当时家中负债累累。

15岁的时候，周良国被迫辍学了。从挨门挨户叫卖小鸡，到挑着200多斤的大小缸盆走家串巷，当时温州人能做的小买卖他几乎做遍了。每次出门做生意，祖母都要谆谆教诲他一番："做生意，不论大小，都要诚实，不要骗别人！"周国良牢记在心。

20世纪80年代初，当改革的号角吹起之时，周国良意识到机会来了，他开始经营纺织品，逐步做起化纤和毛纺、粗纺、精纺等服装面料生意。通过努力钻研、悉心经营，1988年，他成立了"南洋纺织品公司"和"永利贸易公司"。

生意越做越大，生活越来越富，可祖母的教诲却是牢记心头。以质量为本，以信誉为先，很快就让周国良在服装面料业做出了名气。1992年，他赴匈牙利考察，敏锐地发现了那里的商机，当即在布达佩斯注册成立了"威特利国际贸易有限公司"，以自己良好的信誉和坚实的资本组织大量服装、鞋、箱包、杂品、纺织品面料等销往东欧市场，1994年生意达到高峰时，一年发了60多个货柜。

如今，"威特利国际贸易有限公司"除了占领东欧市场，他们的毛纺西装面料在英国、意大利也都享有很高知名度。周国良成为名副其实的纵横欧洲的"威利特"领头人，他常说："无论当初贫困时，还是如今富足以后，兢兢业业地做事，诚诚实实地做人，都是我不变的信条。"

良心通常只以沉默的形式说话。

——［德］海德格尔

当理智和感情完全一致的时候，良心的声音就会在心灵中占据统治地位。

——［苏］苏霍姆林斯基

在有信心的男人和女人的心目中，良心并不是儿戏。

——［法］罗曼·罗兰

啊！良心！良心！人类最忠实的朋友。

——［苏］高尔基

一个良知纯洁的人，觉得人生是件甜美而快乐的事。

——［俄］列夫·托尔斯泰

人们将永远赖以自立的是他的智慧、良心、人的尊严。

——［苏］苏霍姆林斯基

良心可能会创造道德。但道德至今为止连良心的"良"字也没有创造过。

——［日］芥川龙之介

世界上还有些比国家更重要的，那便是人类的良心。

——［法］罗曼·罗兰

无愧于事不如无愧于身，不如无愧于自己的良心。

——［中］石成金

良心是守护个人为自我保存所启发的社会秩序的保护神。

——［美］毛姆

使人做自己举止行为的最严历的评判者的力量是什么？是良心，它成为行为和理智的捍卫者。

——［苏］苏霍姆林斯基

良心是信念的感情哨兵。

——［苏］苏霍姆林斯基

凡是对他人有害的，对我也是有害的；凡是对他人有益的，对我也是有益的；良心总是这样说的。

——［俄］列夫·托尔斯泰

人如果没有良心，哪怕有天大的聪明也活不下去。

——［苏］高尔基

人生做错了一件事，良心就永久不得安宁。

——［中］傅雷

压抑自己良心的声音，这是很危险的事情。

——［苏］苏霍姆林斯基

有一条法律是管一切的：不做违背良心的事，你就不会在世界上做什么坏事了。

——［苏］高尔基

你的良心在说什么？你要成为你自己。

——［德］尼采

上帝在每个人心中安上了一盏明灯，这盏明灯就是良心。

——［英］勃朗宁

名誉是表现在外的良心；良心是隐藏在内的名誉。

——［德］叔本华

比海更宏伟的是蓝天，比天更宏伟的是良心。

——［英］丘吉尔

凡是对真理没有虔诚的热烈的敬意的人，绝对谈不到良心，谈不到崇高的生命。

——［法］罗曼·罗兰

只有在良心和羞耻心的良好基础上，人的心灵中才会产生良知。

——［苏］苏霍姆林斯基

高尚的人无论走向何处，身边总有一个坚强的捍卫者——那就是，良心。

——［英］司各特

一个人必须学会怎样听见和理解良心的呼唤，以便按良心而行动。

——［美］弗洛姆

聪明以为可，良知以为不可，则小可之；聪明以为不可，良知以为可，则可之。良知为主、聪明为奴，其人必忠；良知为奴，聪明为主，其人必奸。

——［中］林语堂

我可以咬住舌头，缄口不言，但是，我却不能使我的良知沉默不语。

——［印］泰戈尔

一个人的良心和他的判断有相似之处，正如判断会有失误，良心也有出格的时候。

——［英］霍布斯

一个人最伤心的事情，无过于良心的死灰，一个社会最伤心的现象，无过于正义的沦亡。

——［中］郭沫若

良心就是共同商议好的理所当然的东西。

——［苏］高尔基

反省是一面莹澈的镜子，它可以照见心灵上的玷污。

——［苏］高尔基

我的确时时解剖别人，然而更多的是更无情面地解剖我自己。

——［中］鲁迅

有了自制力，就不会向人翻脸，或暴露出足以引起不幸的弱点来。

——［美］莱特

哪怕对自己的一点小小的克制，也会使人变得强而有力。

——［苏］高尔基

以人为鉴，明白非常，是使人能够反省的妙法。

——［中］鲁迅

自我批评，这是一所严酷的培养良心的学校。

——［法］罗曼·罗兰

我们要对自然感恩。春天郁郁的芳草让我们赏心悦目，夏天浓浓的绿荫为我们遮蔽骄阳，秋天累累的硕果给我们喜悦，冬天皑皑的白雪使我们纯洁。高山让我们伟岸，大海让我们宽容，自然界的万事万物无不让我们涌动出生命的激情。

——［中］隋艳玲

在水中放进一块小小的明矾，就能沉淀所有的渣滓；如果我们心存感恩，则可以沉淀许多的浮躁、不安，消融许多的不满与不幸。只有心存感恩，我们才会生活得更加美好。

——［中］宋天天

为他人喝彩体现了一种智慧——你在欣赏他人的时候也在不断地提升和完善着自己的人格；为他人喝彩体现了一种美德——你付出的赞美，非但不会贬损你的体面与尊严，相反还会在不经意间收获友谊与合作；为他人喝彩体现了一种修养——赏识他人的过程本身就矫正着你的狭隘、克服着你的自私。因而为他人喝彩的过程，从某种意义上说就是一种培养和张扬大家风范的过程。

——［中］维光

学会赞美别人吧，让你的语言像花儿一样美丽，让别人的心坎上也因此绽放芬芳。你会发现，自己原来是个了不起的魔术师，竟可以让生活的天空变得如此灿烂和美好。

——［中］赵俊辉

欣赏高山，自会在高山的巍峨中，感叹到强悍与凝重；欣赏大海，自会在大海的澎湃中，感悟到大气与磅礴。从这一角度来看，欣赏是一面镜子，是一座标杆，是人生不断完善、不断至美、不断实现人生的崇高目标的阶梯。人生如果不会欣赏，就无法体会旭日、晚霞的绚丽和悲壮；人生如果不会欣赏，就无法感受小桥流水的清悠与淡雅；人生如果不会欣赏，就无法领悟牡丹的富贵、荷花的高洁、腊梅的孤傲、秋菊的热烈……缺少欣赏的人生，是孤陋的，是残缺的，是遗憾的。

——［中］海岸

成功者不一定是强者，失败者不一定是懦夫——交付人生的满分答卷应是竭尽全力。一个连失败的机会都没有的人，生活会有意义吗？我们不应嘲笑失败者，却应嘲笑旁观者。即使失败一千次，第一千零一次还有成功的可能，而旁观者却永远没有成功的希望。

——［中］来绍禹

人与人之间的互动，就如坐跷跷板一样，不能永远固定某一端高而另一端低，就是要高低交替。这样整个过程才会好玩，才会快乐。一个永远不吃亏、不让步的人，即便真讨到了好处，也不会快乐。因为，自私的人如同坐在一个静止的跷跷板顶端，虽然维持了高高在上的优势位置，但整个人际互动却失去了应有的乐趣，对自己和对方都是一种遗憾。

——［中］刘畅

无论在任何时候，千万不要想着去危害别人。伤害别人就是伤害自己。危害别人时，你自己的心理会受到来自于心灵的折磨，另外，你的行动也会危及到自己的利益。

——爱密尔·贝克特

如果一个人无论春夏秋冬都能平静地微笑，这个人就高贵；如果一个人无论喜怒哀乐都能自然地流露，这个人就朴实。朴实与高贵都表明了一个人生活的态度，它们同样美好，只是高贵接近神灵，朴实毗邻稚童。

——［中］刘福奎

天下作伪是最苦恼的事情，老老实实是最愉快的事情。

——［中］邹韬奋

 **故事连接**

1895年，邹韬奋出生于福建永安县一个没落的地主家庭。1919年，邹韬奋考入了上海圣约翰大学，主修西洋文学。在上海求学期间，因为家境贫寒，邹韬奋不得不依靠做家庭教师筹措学费。毕业时，还是赊来一套西服，他才得以参加了毕业典礼。

1926年，邹韬奋正式主持《生活》周刊，开始了他的新闻编辑、出版生涯。当时连邹韬奋在内，只有三个人负责刊物的编辑、发行、广告等一切事务。在邹韬奋接手之前，《生活》周刊只是当时黄炎培创办的中华职业教育社属下的一个教育类刊物。邹韬奋担任主编后，逐渐地把《生活》周刊改变为社会时事类刊物，全方位地报道和评论社会政治、经济、文化生活。

邹韬奋无论是工作还是生活，始终坚持实事求是的原则，从不弄虚作假，即便面对威胁、利诱，也不改变自己的立场。

一次，一位读者写信给《生活》周刊，揭露国民党交通部长王伯群贪污腐化，穷奢极欲，吃喝嫖赌，无恶不作。特别是他利用职权，花公款数十万元私建别墅，金屋藏娇。并利用贪污的金钱和手中的权势诱逼一名女大学生做小老婆。

邹韬奋看后十分气愤，提笔写了很长的一篇编者按，指出如此高级官员腐败至此，实为国家的罪人，人民的公敌，并准备和这封读者来信一并编进"信箱"栏目公布于众。

稿子在排印时，王伯群闻知此事，急忙派了两名心腹，携十万元巨款到《生活》周刊社和邹韬奋谈判。来人不敢直接提"读者来信"一事，转弯抹角地说："王部长一向关心报界诸公，最近拨出巨款，慰劳上海各大小报馆的编辑、记者。

王部长说，《生活》周刊是份非常好的刊物，他几乎每期必读。所以，专门嘱咐我们，送给《生活》周刊的慰劳经费要特别多些，以补助你们的经费不足，请邹先生笑纳。"

邹韬奋一眼便识破了王伯群的阴谋，严词拒绝道："我们《生活》周刊一向自力更生，从不接受任何方面的津贴补助，请带回去还给王部长吧！"来人见邹韬奋拒绝，便改口说："如果邹先生认为名不正的话，我们就将这笔款子作为股金向《生活》周刊投资好了。请您一定收下，我们也好回去交差。"邹韬奋笑笑说："王部长既然如此慷慨，那就请你们二位将这笔款子送到仁济堂，捐赠给苏北地区几百万饥寒交迫的灾民吧！"

王伯群见邹韬奋如此坚决，便暗中指使爪牙给邹韬奋写匿名信，予以恐吓。邹韬奋看到恐吓信后，依然是微微一笑，继而连写数篇文章刊于《生活》周刊，揭露王伯群的狰狞面目，京、沪一带皆为之哗然，民众为之愤慨。

"九一八"事变后，邹韬奋又转向全面的抗日宣传。在他的文字里，既有军民抗战的消息，又有自己对时局的见解，更有对国民党政府停止内战、一致抗日的呼吁。这样，《生活》周刊从最初的几千份发行量，到后来的几万份、十几万份，迅速发展壮大起来。就是在他的宣传鼓动下，群众性的抗日救国运动逐渐发展起来了。1933年，《生活》周刊被国民党查封，邹韬奋被迫流亡香港。

任何倏忽的灵感事实上不能代替长期的功夫。

——［法］罗丹

勤劳征服一切。

——［法］弗吉尔

常用的钥匙最光亮。

——英国谚话

没有任何动物比蚂蚁更勤奋，然而它却最沉默寡言。

——［美］富兰克林

你不能奢望同时是伟大的而又是舒适的。

——［美］巴里

天才就是最强有力的牛，他们一刻不停地一天工作十八小时。

——［法］勒南

懒惰等于将一个人活埋。

——［英］泰勒

闲暇是霓裳，不宜常穿用。

——［以色列］阿农

不存在没有热情的智能，也不存在没有智能的热情，如果没有勤奋，也不存在热情与才能的结合。

——约瑟夫

世界上只有一个怪物，就是懒汉。

——［美］卡莱尔

懒惰包含永久的失望。

——［美］卡莱尔

灵感是个不喜欢拜访懒汉的客人。

——［俄］列宾

一只懒惰的羊连对自己身上长的毛也觉得负荷沉重。

——雷伊

如果懒惰不产生恶习或祸患，那通常也一定产生沮丧。

——［美］史密斯

礼仪的目的与作用使得本来的顽梗变柔顺，使人们的气质变温和，使他尊重别人，和别人合得来。

—— ［英］约翰·洛克

天下有大勇者，猝然临之而不惊，不故加之而不怒。

—— ［中］苏轼

我们应该注意自己不用言语去伤害别的同志，但是，当别人用语言来伤害自己的时候，也应该受得起。

—— ［中］刘少奇

不论你是一个男子还是一个女人，待人温和宽大才配得上人的名称。一个人的真正的英勇果断，绝不等于用拳头制止别人发言。

—— ［伊朗］萨迪

做事情贵在拿得起，放得下。该收手或被证明不行时，就不要接着往里投入。

—— ［美］尼克松

故事连接

越战时，尼克松总统要求指挥官斯威士摩兰汇报局势。"将军，我们的目的是什么？"

"征服敌人，总统阁下。"将军回答得毫不迟疑。

"怎么样才能做到？"尼克松继续问。

"我需要40万军队。"将军说。

"去年的这个时候，你告诉我需要20万军队。我给了你，你都干吗了？"尼克松有些牙痒痒。"总统先生，事实是这样的：我们到达后，越南的抵抗力量增加了一倍，这是我们事先没预料到的。"将军解释说。

总统立即说道："那我现在给你40万，敌人的抵抗力量会不会再增加？"

"这……"将军支吾起来，"我不能保证……"

"好了，我的将军，"尼克松的表情严肃起来，"既然20万军队会产生双倍的抵抗，那么40万就有可能出现4倍的抵抗！继续向越南派兵是不明智的，大家都看出那是一个泥潭了，我们为什么还要住里面走?赶紧把脚收回来才是正确的。"

"可是，我们已经陷进去20万了!"将军叫道。

"所以不能再陷了!"尼克松总统的果断决定，把美国拖出了越战的泥潭。正如他所说："做事情，贵在拿得起，放得下。"

器满则益，人满则丧。

——［北宋］林逋

谦柔卑退者，德之余；强暴奸诈者，祸之始。

——［北宋］林逋

君子泰而不骄，小人骄而不泰。

——［中］孔子

自后者人先之，自下者人高之。

——［汉］扬雄

学问欲博，而行己欲敦。

——［唐］魏征

美丽只有同谦虚结合在一起，才配称为美丽。没有谦虚的美丽，不是美丽，顶多只能是好看。

——［法］塞万提斯

果实的事业是尊贵的，花的事业是甜美的；但是让我做叶的事业吧，叶是谦逊地、专心地垂着绿荫的。

——［印度］泰戈尔

谨慎的人对自己有益，有德行的人对别人有益。

——［法］伏尔泰

骄傲的人，往往用骄傲来掩饰自己的卑怯。

——［英］哈代

谦逊是最高的克己功夫。

——［英］莎士比亚

力能胜贫，谨能防祸。

——［北魏］贾思勰

我比别人知道得多的，不过是我知道自己无知。

——［古希腊］苏格拉底

人不应该有高傲之心，高傲会开花，结成破灭之果。在收获的季节，会得到止不住的眼泪。

——［古希腊］埃斯库罗斯

将不可骄，骄则失礼，失礼则人离，人离则众叛。

——［汉末三国］诸葛亮

骄傲自满是我们的一座可怕的陷阱，而且，这个陷阱是我们自己亲手挖掘的。

——［中］老舍

不在受赞扬的时候，而是在挨责骂的时候能仍不失谦逊的人，才是真正的谦虚君子。

——丁·保罗

大多数的科学家，对于最高级的形容词和夸张的手法都是深恶痛绝的，伟大的人物一般都是谦虚谨慎的。

——［英］贝弗里奇

心灵上的谨慎和谦恭是唯一无二的美德。

——［法］司汤达

我们应该谦虚，因为你我都成就不了多少。我们都只是过客，一世纪以后都完全遗忘。生命太短促，不能老谈自己微小的成就来教人厌烦，且让我们鼓励别人多谈吧。

——［美］戴尔·卡耐基

任何人的信用，如果要把它断送了都不需要多长时间。就算你是一个极谨慎的人，仅须偶尔忽略，偶尔因循，那么好的名誉，便可立刻毁损。所以养成小心谨慎的习惯，实在重要极了。

——［美］戴尔·卡耐基

当我们大为谦卑的时候，便是我们最近于伟人的时候。

——［法］司汤达

胆量、肚量加力量，缺一不可。

——［台湾］蔡万霖

 故事连接

台湾的蔡氏集团，家族的父辈均是农民，而蔡万春、蔡万霖、蔡万才兄弟，却驰骋商场，创立了不凡的业绩。当人们问道蔡氏兄弟成功的秘诀时，蔡万霖说："秘诀嘛，就是胆量、肚量加力量，缺一不可。"

将蔡家由穷困变成富甲一方的大户人家的是蔡万春。蔡万春中风患病后，金融风暴席卷亚洲，蔡氏的产业都受到严重冲击，只有蔡万霖在危机中全身而退。

自从1979年接手国泰人寿公司后，公司的发展一直都很迅速。可当台湾开放外国保险公司设立后，竞争变得异常激烈。为了重新夺回市场。蔡万霖想了不少法子。他强调"重视保护权益，负起社会责任"，并提出争取"人人保险，家家幸福"。为了能够吸引人才、稳定人才，蔡万霖宣布员工可以分红认股，公司按每名员工的年薪、职位等配发股票，从而使国泰人寿保险公司稳坐同业第一的宝座。

因为在经营企业中的成功，蔡万霖成为了台湾第一大富豪，也曾名列世界华人第一富豪。蔡万霖之所以取得这样巨大的成就，与他独创的经营之术是分不开的。

蔡万霖在接手"国泰人寿"时，公司管理出现弊端。面对出现的问题，蔡万霖首先将以往规定每年50%的增长目标降为30%，并成立售后服务部门，结果业绩大大提高。

蔡万霖对下属极为重视，他曾经说："我做大富翁没什么了不起，跟我做事的人，每一个人都能成为小富翁，这才是我的骄傲。"

1986年，蔡万霖拿出4亿元股票，供科长级以上员工入股，等于每位入股者净赚100万元。公司的年终奖金，几乎年年都在6位数以上，正是经济效益紧紧拽住了员工的心。

同时蔡万霖的廉洁也十分出名，他经掌选调精明强干之人到各地检查，凡查出挪用公款者，一律革职。在国泰人寿供职的员工都知道："跟他做事，一毛钱也不能拿。"蔡万霖对儿子的管教也以严厉闻名，三个担任国泰关系企业副董事长的儿子，若晚上外出应酬，都不敢回家太迟，因为父亲会"搬张椅子坐在门口等候他"。

最后的绝招是：中高级主管三年轮换。之所以这样做，是为了提高经营效率，防止营私舞弊及拉帮结派。

在这种管理艺术下，加上蔡万霖特有的胆量、肚量、力量，使他最终成为台湾巨富，影响政商两界的权势人物。

名言
——聆听智者的声音

我首先要求诸君信任科学，相信理性，信任自己，并相信自己。

——［法］黑格尔

卑己而尊人是不好的，尊己而卑人也是不好的。

——［中］徐特立

任何人都应该有自尊心、自信心、独立性，不然就是奴才。但自尊不是轻人，自信不是自满，独立不是孤立。

——［中］徐特立

无论是别人在跟前或者自己单独的时候，都不要做一点卑劣的事情：最要紧的是自尊。

——［古希腊］毕达哥拉斯

礼仪不良有两种：第一种是忸怩羞怯；第二种是行为不检点和轻慢；要避免这两种情形，就只有好好地遵守下面这条规则，就是，不要看不起自己，也不要看不起别人。

——［英］约翰·洛克

一个人感到害羞的事情越多就越值得尊敬。

——［英］萧伯纳

刀鞘保护刀的锋利，它自己则满足于它的迟钝。

——［印度］泰戈尔

知道自己知道什么，也知道自己不知道什么，这就是真正的知识。

——索罗

一个人真正伟大之处就在于他能够认识到自己的渺小。

——［美］约翰·保罗

船锚是不怕埋没自己的。当人们看不见它的时候，正是它在为人类服务的时候。

——［俄］普列汉诺夫

有的人隐瞒聪明比隐瞒愚蠢更努力。

——［爱尔兰］斯威夫特

傻子自以为聪明，但聪明人知道自己是个傻子。

——［英］莎士比亚

骄傲、嫉妒、贪婪是三个火星，它们使人心爆炸。

——［意大利］但丁

夸夸其谈是软弱的首要标志，而那些能够铸出大事的人往往是守口如瓶的。

——［古罗马］西塞罗

把自己的长处想得太多的人，就是要别人想及他的短处。

——［美］赫兹利特

谁也不满足自己的财产，谁都满足于自己的聪明。

——［俄］列夫·托尔斯泰

小人大言不惭，简直把自己的祖宗也说成是他们生的。

——艾加

自夸聪明的人，有如囚犯夸耀其囚室宽敞。

——西蒙

自负是安抚愚人的一种麻醉剂。

——［法］莱辛

一个羞赧的失败比一个骄傲的成功还要高贵。

——［美］纪伯伦

对骄傲的人不要谦虚，对谦虚的人不要骄傲。

——［美］杰弗逊

许下的诺言，一定要兑现。如果没有兑现，下次见面时也一定要重新提起；千万不要心存侥幸，认为诺言会悄悄地溜走。"

——［法］德斯坦

 故事连接

法国前总统德斯坦家有一只名叫庞贝的宠物犬。

有一天，德斯坦带庞贝在农场散步时，礼帽一下被吹跑了，由于风势较大，转眼就消失得无影无踪。德斯坦对庞贝说："宝贝，看你的了，回来我会好好奖励你的!"

过了十多分钟，庞贝就把帽子找了回来，回来后，德斯坦总统从冷藏柜里拿出两只山羊睾丸奖励庞贝。就在它吃完第一只，准备要第二只的时候，电话铃响了。总统在去接电话时，下意识地将那只山羊睾丸装进了自己的口袋。接完电话，德斯坦总统匆忙从后门乘车走了。出了农场，他才发现自己闹了笑话，便掏出那只山羊睾丸，扔给了路边的一只鹰。

这以后，总统的宠物犬庞贝落下一个毛病，见到他就立起身子，用前爪扒他的口袋。一开始，德斯坦总统不知道是什么原因，直到3个月再次带它在农场散步时，才想起自己的承诺没有完全兑现。

找出原因之后，德斯坦总统有意在口袋里装了一只山羊睾丸。他说，自庞贝吃了他从口袋里掏出的那份奖品以后，就再也没有扒过他的口袋。

德斯坦总统不由感慨地说："许下的诺言，一定要兑现。如果没有兑现，下次见面时也一定要重新提起；千万不要心存侥幸，认为诺言会悄悄地溜走。"

正是由于此，德斯坦才决定了却"玫瑰花诺言"案，当他在一次内阁会议上讲完庞贝的故事后，说："了结'玫瑰花诺言'的时候到了"。最后，内阁会议以236票对5票通过了总统的提议。

1977年4月22日，法国总统德斯坦回访卢森堡，把一张4936784.68法郎的支票，交到卢森堡第五任大公让·帕尔玛的手中，以此来了结长达180年的"玫瑰花诺言"案。

"玫瑰花诺言"案是怎么回事呢？在此简单交代一下。这件事发生在1797年3月17日。当时，法国皇帝拿破仑访问卢森堡大公国，在参观国立卢森堡小学时，他向该校赠送了一束价值3个金路易的玫瑰花，并许诺只要法兰西共和国存在一天，就每年送上一束，以作为两国友谊的象征。

就在拿破仑离去之后，由于战事繁忙，便把这一诺言给忘了！

1894年，卢森堡大法官萨巴·欧白里郑重向法兰西共和国提出"玫瑰花诺言"问题，要求法国政府在拿破仑的声誉和1374864.76法郎（3个金路易的本金，按复式利率5%计算，存期98年）之间进行选择。此后成为外交惯例，每年的3月17日，卢森堡都要重提此事，使得法国的历任总统在访问卢森堡时，都要在谈完正事之后，顺便提一下"玫瑰花"之事，以示没有忘记。

尽管"玫瑰花诺言"案已了结，但它对人们仍有启示和影响，如今，作为法国前总统的德斯坦，担任着欧盟制宪委员会主席的职务。他之所以能担任这个职务，据说因为整个欧洲认为，他是一个最值得信任的人。德斯坦在自己的就职演说中再次说道："许下的诺言，一定要兑现。如果没有兑现，下次见面时也一定要重新提起；千万不要心存侥幸，认为诺言会悄悄地溜走。"

是的，在这个世界上，哪怕是一只狗都不会忘掉人们对它许的诺言，更何况一个人！

勇气通往天堂，怯懦通往地狱。

——〔古罗马〕塞涅卡

胆怯鬼在真正死之前要死好几次，而勇士只经历一次。

——〔英〕莎士比亚

并不是因为事情难我们才不敢，而是因为我们不敢事情才难。

——〔古罗马〕塞涅卡

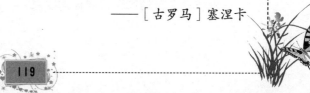

弱有两种类型：一种是脆，一种是软。脆则易断，软则易弯。

——［美］洛威尔

谁若是有一刹那的胆怯，也许放走了幸运在这一刹那间对他伸出来的香饵。

——［法］大仲马

吝啬鬼永远处在贫穷之中。

——［古罗马］贺拉斯

少女能歌唱失去的爱情，但守财奴却不能歌唱失去的金钱。

——［英］罗斯金

如果说挥霍者辞世时欠下了别人的债，那么守财奴死后对自己欠下了更深的债。

——［英］科尔顿

自己脑子里只是装满着自己，这种人正是那种最空虚的人。

——［俄］莱蒙托夫

仅为自己而活着的人，对于别人来说实际就等于死了。

——希鲁斯

为了要替自己煮蛋，以致烧掉一幢房子而毫不后悔的人，乃是极端的利己主义者。

——［英］培根

一个人被称为自私自利，并不是因为他追寻自己的利益，而是在于他经常忽略了别人的利益。

——［美］邓肯

嫉妒是来自地狱的一块嘶嘶作响的灼煤。

——［英］菲·贝利

对心胸卑鄙的人来说，他是嫉妒的奴隶；对有学问、有气质的人而言，嫉妒却化为竞争心。

——［英］波普尔

忌妒就会拉动风箱扇起你的叹息。

——［意大利］但丁

与其我去妒忌仇敌，毋宁让仇敌妒忌我。

——［古罗马］普拉图斯

人们往往忘记善行和恶举，甚至还会憎恨自己的恩人或是停止憎恨自己的仇人。对他们来说，报恩或报仇的需要就像他们不情愿服从的暴君。

——［法］拉罗什福科

没有必要说谎的人总为自己不是说谎者而感到骄傲。

——［日耳曼］尼采

许多真相被道出，但更多的真相却被隐瞒。

——达林法官

在《基度山伯爵》一书中，小说家大仲马把法国的伊夫堡安排为关押爱德蒙·邓蒂斯和他的难友法利亚长老的监狱。

1844年该书出版后，无数好奇的读者纷纷来到这座阴森恐怖的古堡参观。而古堡的看守人却也煞有介事地向每个来访者介绍当年邓蒂斯和法利亚待过的那两间囚室。这样，人们好奇心得到了满足，而看守人则相应地也拿到一点小费。

一天，一位衣着体面的绅士来到伊夫堡。看守人照例把他带到囚室参观。

当听完了例行的一番有声有色的讲解之后，来访者问道："那么说，您是认识爱德蒙·邓蒂斯的喽？""是的，先生，这孩子真够可怜的，您也知道，世道对他真是太不公平了，所以，有时候，我就多给他一点食品，或者偷偷地给他一小杯酒。""您真是一位好人。"绅士脸带微笑地说着，同时把一枚金币连同一张名片放在看守人手里，"请收下吧，这是您对我儿子的好心所应得的报酬。"绅士走了，看守人拿着名片一看，上面用漂亮的字体印着来访者的姓名：大仲马。

在所谓的圣徒们的生活中，诸如意志、理性那样的精神因素是充足的，但这种过分的充足反而证明了智力的相对贫乏。

——［美］威廉·詹姆斯

我们对待掠过脑中的邪念往往并不比放在田里吓鸟的稻草人更尽责；稻草人的责任是不让飞鸟在田里栖息，而灵魂的责任则是阻止邪念停留。

——丘顿·柯林斯

像美德是本身的报酬那样，恶习也就是本身的惩罚。

——［美］富勒

忏悔不仅能战胜自己内在的敌人，同时也能打扫自己思想灵魂深处的污垢尘埃，而且能减轻精神痛苦并净化自己的精神境界。这样就让人更加纯粹起来。

18世纪法国伟大的思想家、文学家卢梭，他在少年时，曾经将自己极不光彩的盗窃行为转嫁在一个女仆的身上，致使这位无辜的少女蒙冤受屈，并被主人解雇。后来这件"卑鄙龌龊"的行为，使他深深陷入痛苦的回忆中，他说："在我苦恼得睡不着的时候，便看到这个可怜的姑娘前来谴责我的罪行，好像这个罪行是昨天才犯的。"卢梭在他的名著《忏悔录》中，对自己作了严肃而深刻的批判。他敢把这种"难以启齿"而抱恨终身的丑事告诉世人，显示了他勇于忏悔的坦荡胸怀和不同凡响的伟大人格。

真理，就是真的、合乎实际的道理。反之，就是谬误。

——无名氏

人类牺牲的价值，有比生命还要贵重的，就是真理和名誉。

——［中］孙中山

有些人一生在伟大真理海洋的沙滩上拾集晶莹的卵石。

——［英］牛顿

真理之所以为真理，只是因为它是和谬误以及虚伪对立的。

——［俄］车尔尼雪夫斯基

真理是无限的，无限的单一在无限的众多之中显示出来。

——［印度］泰戈尔

有比较才能鉴别。有鉴别，有斗争，才能发展。真理是在同谬误作斗

名言

——聆听智者的声音

争中间发展起来的。

——［中］毛泽东

社会实践是检验真理的唯一标准。

——［中］毛泽东

只有忠实于事实，才能忠实于真理。

——［中］周恩来

理直气壮，永远不怕真理，把真理告诉别人，为真理而战斗。

——［中］刘少奇

诡计总要穿衣服，真理却喜欢裸露的。

——［英］培根

人生的道路是曲折的，而真理是永存的。当一个人认定了一个真理，就要为它披荆斩棘，冲锋不止。

——［中］何长工

冰霜压雪心犹壮，战胜寒冬骨更坚。

——［中］何香凝

横眉冷对千夫指，俯首甘为孺子牛。

——［中］鲁迅

大海之所以伟大，除了它美丽、壮阔、坦荡之外，还有一种自我净化的能力。

——［德］康德

生命的长短我不追求，我追求的只是灵魂的纯洁。

——佚名

人生的目的，在发展自己的生命，可是也有为发展必须牺牲的时候。因为平凡的发展，有时不如壮烈的牺牲足以延长生命的音响和光华。绝美的风景，多在奇险的山川。绝壮的音乐，多是悲凉的韵调。高尚的生活常在壮烈的牺牲中。

——［中］李大钊

生活只是鲜血的搏斗，死亡是血泊中开放的鲜花。

——［意］夸西莫多

仰不愧于天，俯不怍于人。

——（战国）孟子

举世皆浊我独清，众人皆醉我独醒。

——（战国）屈原

良将不怯死以苟免，烈士不毁节以求生。

——《三国志》

凡人立身行事，务使每一行为堪为万人楷模。

——［英］毛姆

自尊自爱，作为一种力求完善的动力，却是一切伟大事业的渊源。

——［俄］屠格涅夫

 故事连接

华盛顿在军队服役担任上校时，面对英国对北美的殖民统治，他忍无可忍，积极主张应采取武装抵抗的手段。但因胆小怕事的保守势力的反对，他的这个主张迟迟都无法实现。

于是，在1776年召开的第二届美洲大陆会议接受了华盛顿的主张，并发布了宣言，任命华盛顿为北美"大陆军"总司令。

华盛顿受命后，立即从费城骑马赶往前线，一刻不停地奔波了九天才抵达目的地。一跳下马，他举起长剑，马上接受了迎接他的官兵们的敬礼。华盛顿没说一句话，但他沉着的面色，自信的举止，已经为自己举行了正式就任总司令的仪式。

当时的大陆军大多数是未经训练的农民，而且武器装备也是陈旧不堪，衣服破破烂烂，纪律涣散，根本无法参加战斗。华盛顿花了半年的时间，着手对部队进行整治，他逐一采取措施，严肃军纪、更换武器、添置服装，把民兵编成具有独立作战能力的团队……最后终于对驻扎在波士顿的英军总部实施了围攻，迫使英军逃离波士顿。

"大陆军"旗开得胜以后，又乘胜追击。美国独立战争也就取得了决定性的胜利。

没有教养、没有学识、没有实践的人的心灵好比一块田地，这块田地即使天生肥沃，但倘若不经耕耘和播种，也是结不出果实来的。

——［德］格里美尔斯豪森

习惯是很难打破的，谁也不能把它从窗户里抛出去，只能一步一步地哄着它从楼梯上走下来。

——［美］马克·吐温

故事连接

维也纳古典乐派的代表人物、奥地利作曲家海顿，由于在交响乐创作上的杰出的成就，被人们誉为"交响乐之父"。海顿指挥乐队演出时，常有些附庸风雅的贵族们前来出席音乐会。可是他们又根本不懂音乐，也就无法从音乐中获得乐趣，于是常常在乐曲声中打瞌睡。为此，海顿就特意创作了"惊愕交响乐"。开始，乐曲在极为柔和的声调中进行着，正当那些贵族们酣睡时，突然，乐队奏出惊雷闪电般的曲调，伴着大炮式的鼓声，顿时把睡梦中的贵族们吓醒。他们口张目瞪，睡意全无，乐曲也就此告终。

对一个正直的人来说，谎言是起不了作用的。

——［苏］纳谢德金

有德必有勇，正直的人决不胆怯。

——［英］莎士比亚

给人幸福的不是身体上的好处，也不是财富，而是正直和谨慎。

——［古希腊］德谟克利特

我大胆地走正直的道路,绝不有损于正义与真理而谄媚和敷衍任何人。

——［法］卢梭

正义所结的最大果实是心理平衡。

——［古希腊］艾匹克蒂塔

我宁肯忘掉亏欠自己的而不愿意忘掉亏欠别人的。

——［德］贝多芬

正直的人不畏谎言，藐视流言，流言也就会像冰雪见了太阳一样，无影无踪了。

——佚名

源清则流清，心正则事正。

——(明)薛瑄

伟大的诚实是雄辩的利斧。

——［法］罗曼·罗兰

最高的善是快乐，最大的恶是痛苦。

——［古希腊］伊壁鸠鲁

不论是善恶，不外乎是引起我们的快乐和痛苦。

——［英］洛克

善的定义就是有利于人类。

——［英］培根

快乐是善，愁苦是恶。

——［美］莫尔兹

世界上只有一个善，那就是正义。

——［俄］屠格涅夫

善是精神世界的太阳。

——［法］雨果

行善是人类之心能领略到的真实的幸福。

——［法］卢梭

世界上的信仰和希望不尽一致，但行善却是人类共同愿望。

——［英］蒲伯

一切使人团结的是善与美；一切使人分裂的是恶与丑。

——［俄］列夫·托尔斯泰

善是我们一切生活的目的，并不是为了其他目的而行善。正是为了善，我们才做其他事情，包括追求快乐，不是为了快乐才行善。国家的目的是为了善，个人生活的目的也是为了善。

——［古希腊］苏格拉底

与别人交流有助于自己的思想修养。

——［英］司各特

不要把痰吐在井里，哪天你口渴的时候，也要上井边来喝水的。

——［俄］克雷洛夫

教养就是习惯于从最美好的事物中得到满足，而且知道为什么。

——［美］范戴克

彬彬有礼的风度，主要是自我克制的表现。

——［美］爱默生

修养的本质如同人的性格，最终还是归结到道德情操这个问题上。

——［美］爱默生

我们想要养成公正的品德，就应养成一种"不苟"的优良习惯。

——［美］林肯

要勇敢而不要暴躁，要服从而不要低声下气，要坚强而不要顽固，要谦逊而不要做作。

——［俄］苏沃洛夫

人的思想是可塑的。一个人如果每天观赏一幅好画，阅读某部佳作中的一页，聆听一支妙曲，就会变成一个有文化修养的人——一个新人。

——［英］罗斯金

只有那些晓得控制他们的缺点，不让这些缺点控制自己的人才是强者。

——［法］巴尔扎克

性情的修养，不是为了别人，而是为自己增强生活能力。

——［日］池田大作

太阳上的黑斑，就让它存在吧，而人却不应该有污点！

——［苏］阿·巴巴耶娃

当众窃窃私语是没有教养的表现。

——［西班牙］略萨

没有教养、没有学识、没有实践的人的心灵好比一块田地，这块田地即使天生肥沃，但倘若不经耕耘和播种，也是结不出果实来的。

——［德］格里美尔斯豪森

喜不应喜无喜之事，怒不应怒无怒之物。

——(三国时期军事家)诸葛亮

修养之于心地，其重要犹如食物之于身体。

——［古罗马］西塞罗

忿怒二字，圣贤亦有之；特能少忍须臾，便不伤生。

——(清代名臣)曾国藩

做一个正直的人，就必须把灵魂的高尚与精神的明智结合起来。

——［法］爱尔维修

凡有良好教养的人都有一禁忌：勿发脾气。

——［美］爱默生

不管你穿什么衣服，人总还是那样的人。

——［法］罗曼·罗兰

再漂亮的时装也会很快过时。

——［英］福勒

情操上的任何微瑕都会使你美丽的服饰失去全部魅力。

——［美］爱默生

讲究衣着是一件十分愚蠢的事情，但对一个男人来说，不讲究衣着更加愚蠢。

——［美］切斯特菲尔德

无论如何，一个人应永远保持有礼貌和穿着整齐。

——［瑞典］海登斯坦

服装往可以表现人格。

——［英］莎士比亚

我们都是亚当的后代，但衣着造成了我们之间的差异。

——［英］福勒

使人成为君子的并不是讲究的衣着。

——［英］福勒

第五篇

科教、才智

勇气使我们抵抗我们所怕的危险和所感的突祸，对于这种四面受敌的人生是很有用的；所以我们最好及早使得儿童具备这种武装，武装愈早愈好。

——［英］洛克

试将理想的父亲和理想的母亲对比一下。父亲以宠爱孩子为好，而母亲在必要时要牢牢管束孩子，有时也要加以严厉的斥责。父亲老是吵吵嚷嚷，过于严格，孩子就会对他敬而远之。而母亲怎么严厉，只要出自于一片爱心，孩子仍然寸步不离跟着她。

——［日］池田大作

孩子最喜欢爱他的人……也只有爱才能培养他。当孩子看到并感觉到父母对自己的爱的时候，他会努力听话，不惹父母生气。

——［苏］捷尔任斯基

我谈到了"冒险"这两个字。孩子在六七岁的时候已经应该在他自己的行为当中冒一冒险了，你们应该看着他冒险，应该在一定的程度上允许他去冒险，以便使孩子成为一个勇敢的人，以便使孩子不要完全由于你们的责任心的影响而形成这样的性格：妈妈说过了，爸爸也说过了，他们什么都知道，一切应该由他们来决定，我将要按照他们所说的那样去做。

——［前苏联］马卡连柯

在任何情况下，首先要让孩子自由自在的生长，这才是父母情深的表现，而且必须将这样的深情作为治家的宗旨。父母心胸狭窄，感情用事，或光依靠长辈的权威等等，对家庭教育都是有害无益的。

——［日］池田大作

"被爱的箭射过的人，才能领会爱得力量是多么伟大的。"父亲对我所采用的方式，正是用爱得箭射入我的心坎，使我体会到"爱的力量是多么伟大"。我下定决心，一定要堂堂正正地做人，光明磊落地活下去。

——［印度］甘地

夫妇和父母与子女之间没有秘密的事，无论任何事情没有不能公开讲的。孩子渐渐长大，绝对没有某事只对那个孩子讲而不叫这个孩子知道的情况。如果父母责备孩子礼貌不周，那么孩子也会笑话父母教育失策。

——［日］福泽谕吉

如果孩子由于生性好动、天真活泼而做了顽皮的事，他自己会后悔的。随着年龄的增长，他的意志力也日益增强，当他善于控制自己的时候，他会自己支配自己的良心，不会让那种坏的伙伴和外界的生活条件等等来支配自己。

——［苏］捷尔任斯基

最好的教育是以身作则。孩子们对谎言或虚伪非常敏感，极易察觉。如果他们尊重你、依赖你、他们就是在很小的时候也会同你合作。

——［印度］甘地夫人

在我家里，关心别人是理所当然的事。父母亲从小就向我们灌输，一个人既要有雄心壮志，又不能自高自大目中无人，自立自强是生活的基本原则。

——［美］艾森豪威尔

必须克服轻视学生的体育和美育的思想，应当广泛地发展青年人在科学、技术、艺术和体育运动各方面的各种形式的课外活动。

——［苏］凯洛夫：《普通中等教育的改革》

要想成为一个健康的人，要想保证生活上有更多的乐趣，那你们应该从事体育活动。

——［苏］加里宁：《论共产主义教育和教学》

把身体上与精神上的训练相互变成一种娱乐，说不定就是教育上的最大秘诀之一。

——［英］洛克：《教育漫话》

在学校的几十年经验使我相信，劳动在智育中起着极其重要的作用。儿童的智慧在他的手指尖上。

——［苏］苏霍姆林斯基：《给教师的建议》

只有当劳动能使个人和集体的智力生活得到丰富，智力兴趣、创造兴趣得到多种内容的充实，道德更加完美以及美感得到提高的时候，它才能成为教育力量。

——［苏］苏霍姆林斯基：《帕夫雷什中学》

人的全面发展同掌握高深的知识，同积极的社会活动和劳动活动，同任意选择职业的可能性联系着。所有这一切都要求个人兴趣与社会需要相结合，职业则应适应于人的天赋和志向。这里，我们作教师的负有重大责任。我们认为，要使人的个性得到充分的发挥，就要让他从事他喜爱的劳动，而且，他越深入到这种劳动中去，他的能力和天资就会得到越好的发展，他的生活也会更加幸福。

——［苏］苏霍姆林斯基：《帕夫雷什中学》

一个人的和谐全面发展、富有教养、精神丰富、道德纯洁——所有这一切，只有当他不仅在智育、德育、美育和体育素养上，而且在劳动素养、劳动创造素养上达到较高阶段时，才能做到。

——［苏］苏霍姆林斯基：《帕夫雷什中学》

我们应当使学生学会思考和认识世界(自然界、劳动、人)，使他们在劳动活动中成为思想家和创造者。

——［苏］苏霍姆林斯基：《给教师的建议》

"我的老师遍天下，老百姓知道的很多事情我不知道，我就去当学生，向他们请教。"

——［中］费孝通

费孝通的父亲费璞安出任江苏省视学后，常到各地学校调查，回家就忙着写调查报告。费孝通感到好奇，有时趁父亲不在，就偷偷地翻阅父亲搜集到的材料和笔记。他竟然对父亲带回家的地方志产生了浓厚的兴趣。受父亲的影响，费孝通一生的学术活动都特别重视实地调查，他说："我的老师遍天下，老百姓知道的很多事情我不知道，我就去当学生，向他们请教。"这也正是所谓"学必躬亲"。1935年夏，新婚不久的费孝通和妻子王同惠应邀前往广西大瑶山进行实地调查。不幸的是，他在这次活动中身受重伤，而与妻子竟是一场生死之别。

1936年夏，费孝通来到太湖东岸一个名为"开弦弓"的村落。没有谁能够想到，他的到来，使得开弦弓村数年后以"江村"的名字闻名海外。

当时，在村人眼里，这个费孝通有点与众不同：短短两个月内，挂着双拐的他在街巷里串门访户，走田头，进工厂，坐航船，不时在笔记上做着记录。

费孝通本是听从姐姐费达生的劝告，来到开弦弓村休养疗伤的。

但他闲不住，便想到利用这机会了解一些农民的生活。费孝通在和这村子里的人们接触中，步步深入到他们生活的方方面面，从生到死，从种田到缫丝等，对各种各样的过程提问题。

伤好之后，费孝通带着调查材料踏上了去英国伦敦经济政治学院求学的路程。这所学院的社会科学研究中心享有国际声誉，导师马林诺夫斯基更是当时国际人类学界的泰斗。

出乎费孝通的意料，他远渡重洋带去的调查材料一下子就得到了导师的赏识，当即被确定为费孝通的毕业论文。1938年，费孝通完成了他的博士论文《江村经济》。马林诺夫斯基教授在序言中给予了高度评价。很快，《江村经济》成为欧洲人类学学生的必读参考书，费孝通也由此步入世界人类学著名学者行列。1981年，他获得英国皇家人类学会授予的人类学界的最高奖——赫胥黎奖。

1957年，费孝通重访开弦弓村。他看到20年前一度兴起的工商业消亡殆尽，农民手里没有钱花，商品交换日益萧条，小城镇和各种集市也渐趋萎缩。通过深入调查，他认为开弦弓村解放以后农业增产了60%，但是一些人觉得日子尚不如前，问题就出在副业上。在《重访江村》一文里，他对当时的"农业四十条"提出质疑。

1982年，随着乡镇企业的发展给中国农村带来的变化，他敏锐地提出研究小城镇的课题，并亲自带队进行专题调查。他把中国农民创办的工业，形象地叫做"草根工业"。他通过对一个村镇的实地考察，提出了"苏南模式"概念。后来，他又陆续总结出"小商品大市场"的"温州模式"以及"珠江模式"、"民权模式"、"桥乡模式"等。费孝通一生都坚持"学必躬亲"的实地调查研究，他走到哪里，研究哪里的问题，就要为哪里的实际问题说话。他在实地调研的基础上，积极"用自己的智力来为富民事业想办法，出主意"。身边工作人员说，近20年来，他每年都有150天左右在全国各地搞调查研究。2001年，九旬高龄的费孝通甚至在外调研了170多天。而且，越是贫困落后的偏远山区，他去得越多。

图书馆就像充满凛然正气的圣陵，古代圣贤的遗作被保存、陈列在那里，没有虚假，没有欺骗。

——〔英〕培根：《学识的增长》

热爱书吧——这是知识的泉源！只有知识才是有用的，只有它才能够使我们在精神上成为坚强、忠诚和有理智的人，成为能够真正爱人类、尊重人类劳动、衷心地欣赏人类那不间断的伟大劳动所产生的美好果实的人。

——〔苏〕高尔基，引自《高尔基论青年》

书籍便是这种改造灵魂的工具。人类所需要的，是富有启发性的养料。而阅读，则正是这种养料。

——〔法〕雨果：《莎士比亚论》

每个人都从书中研究自己，要不是发现自己就是控制自己。

——〔法〕罗曼·罗兰：《内心的历程》

书籍鼓舞了我的智慧和心灵，帮助我从泥沼里爬起来。如果没有书籍，那么，我恐怕一定会大量吞下愚蠢和庸俗，而沉溺在它们里面。

——〔苏〕高尔基：《我怎样学习的？》

书籍不该使人生变得阴暗，它应当使人得到休息和欢愉。

——〔苏〕高尔基：《克里姆·萨姆金的一生》

每一本书都好像一级阶梯，我拾级而上，从动物上升为人，我对美好的生活有了明确的概念，并且渴望这种生活能够实现。我读了许多书，觉得自己好像是一件盛满了生命之水的器皿。

——〔苏〕高尔基：《我怎样读书》

书籍包含着我们的先人，以及我们同代人的灵魂，书籍似乎就是人们

名言
——聆听智者的声音

在全世界范围内对本身事业的谈论，就是人类心灵关于生活的记载。

——［苏］高尔基:《马特维·科热米亚金的一生》

书籍使我的智慧和心灵受到鼓舞，帮助我从生活的泥沼中爬出来。如果没有书籍，我会在泥潭中被愚蠢和庸俗窒息而死。书籍渐渐扩大了我的眼界，它告诉我，人们在追求美好生活的斗争中是多么伟大，多么美。

——［苏］高尔基:《我怎样读书》

每一本书就像阶梯的一小级，每攀登一级，我就愈脱离动物走向人——走到更美好的生活底理想，到达对于这种生活的渴望。

——［苏］高尔基:《我怎样学习的?》

没有例外就没有常规，但例外也不破坏常规。

——［罗马］塞涅卡

如果你在自己的作品中看不出缺点，可到旁人的作品当中寻找，从他人的错误中得益。

——［意大利］达·芬奇

 故事连接

惠特曼的经历一直非常艰苦。

他只读过小学，13岁就开始自立谋生，他从事过各种各样的底层工作。但是，打开始工作那年起，惠特曼就执著地写诗，直到生命结束，他依然没放下手中的笔。就在《草叶集》出版时，惠特曼还是个印刷厂的临时工，年龄已只有36岁，但已经一头白发，看上去像个老人。

1855年，第一版的《草叶集》总共94页，收录了惠特曼多年积攒的12首诗，由惠特曼自己排版、自己印刷、自己发行。书出版后的第一星期，一本也没有卖掉。但初版本毕竟使惠特曼获得了一个知音，那就是美国著名的散文家爱默生。

爱默生读完惠特曼赠送给他的这本诗集后，非常肯定地写信告诉他:"你处在伟大的经历的开端，我祝福你。"

第二年，惠特曼鼓足勇气，将《草叶集》初版增订后，出了第二版。

第二版也仅仅卖掉了11本，但带给他的不是荣誉，而是暴风骤雨般的责难。不仅世人不接受它，连惠特曼的母亲和弟弟也不喜欢。他母亲将儿子的诗斥之为"泥巴"，弟弟看了几行就扔到一边。更可怕的是，把持文坛的批评家们，把惠特曼比喻成"不懂诗的蠢猪"。面对责难，惠特曼毫不畏惧，他说："我相信有一天，人们会重新看它，并为它的存在而感到骄傲。"

被同一块石绊倒两次是一种耻辱。

——［罗马］西塞罗

智慧是经验的女儿。

——［意大利］达·芬奇

故事连接

1979年，诺贝尔物理学奖金获得者S.格拉肖关于他的成功有过这样一段自白：

"我选修过音乐、东亚历史、法学、文学和电焊工。一般人只是进了研究生院才专心攻读本科的。这种通才教育对学生帮助很大。"

当记者问到他："学许多其他的科目对搞物理有帮助吗？"格拉肖回答说："我想是有的。往往许多物理问题的解答并不在物理范围之内，涉猎多方面的学问可以提供开阔的思路，这可以帮助提高想像力……对世界或人类活动中的事物形象掌握得越多，就越有助于抽象思维。"

读好书的条件之一就是不读坏书。因为生命是短暂的，而时间和精力又是有限的。

——［德］叔本华：《附录与补遗》

科学要求人们生活中的一切发生变化。

——［俄］伊凡·巴甫洛夫

科学是一种强大的智慧力量，它致力于破除禁锢着我的神秘的桎梏……

——［苏］高尔基：《瓦莲卡·奥列索娃》

科学要征服死亡。

——［法］罗曼·罗兰：《爱与死的搏斗》

经验变成科学，每走一步都会把生活装点得更加美好。

——［苏］高尔基：《人》

为了取得完全的领导权，需要的是什么?需要文化，科学!

——［苏］高尔基：《马特维·科热米亚金的一生》

大学是研究和传授科学的殿堂，是教育新人成长的世界，是个体之间富有生命的交往，是学术勃发的世界。

——［德］雅斯贝尔斯：《什么是教育》

学校是人类社会的晴雨表。

——［摩洛哥］哈桑二世：《挑战》

人只有靠教育才能成人，人完全是教育的结果。

——［德］康德：《论教育》

教育能增加人固有的价值。有素的训练能坚定人的信心。

——［古罗马］贺拉斯：《颂诗集》

玉不琢、不成器，人不学，不知道。是故，古之王者，建国君民，教学为先。

——［中］《礼记·学记》

为学大益，在自能变化气质。

——［中］张载：《理窟·义理》

凡是生而为人的人都有受教育的必要。

——［捷克］夸美纽斯：《大教学论》

染于苍则苍，染于黄则黄，所入者变，其色亦变。五入必而己则为五色矣。故染不可不慎也。非独染丝然也，……士亦有染。

——［中］墨翟：《墨子·所染》

我相信，教育意味着使青年人能了解到人类最优秀的遗产。但是，大部分遗产是用语言表达的，只有当这些语言在一个教师和社会的实践及其结构中成为现实的时候，这一遗产才是有效的。

——［美］弗洛姆：《在幻想锁链的彼岸》

所谓人能尽其才者，在教养有道，致励有方，任使得法也。夫人不能生而知之，必待学而后知，人不能皆为学，心待教而后学，故作之君，作之师，所以教养之也。

——［中］孙中山：《上李鸿章书》

无论就男性或女性来说，我认为实际上只能划分为两类人：有思想的人和没有思想的人，其所以有这种区别，差不多完全要归因于教育。

——［法］卢梭：《爱弥儿》

教育之宗旨何在，在使人为完全之人物而已。何谓完全之人物！谓人之能力无不发达且调和是也。人之能力分为内外二者：一曰身体之能力，一曰精神之能力。发达其身体而萎缩其精神，或发达其精神而罢敝其身体，皆非所谓完全者也。完全之人物，精神与身体必不可不为调和之发达。

——［中］王国维：《论教育之宗旨》

没有一种伟大思想是在会议中诞生的，但已有许多愚蠢的思想在那里死去。

——［美］斯科特·菲茨杰拉德

伟大的思想逐步实现，化成血和肉，播下的种子开始萌芽，它的敌人——无论是公开的还是隐藏的，谁也不能将它践踏。

——［俄］屠格涅夫

 故事连接

诺贝尔奖获得者李政道博士有一次给大学生讲课。讲到一半，他忽然把身体侧偏过去，让学生们看他头部的侧面形象。他又一边用手比画着，一边郑重说："请大家细看，我眉毛上面是什么？……好，说得好，是额角。再上是什么？

……是头发根。再向后是头顶心，再向下……是后脑勺，再下面是头颈，再底下是脊柱。假如由我的眉毛，沿着额角、头顶心、后脑勺、头颈、直到脊柱，画一条弯曲的线，那是标点符号中的什么符号？"

"问号！"同学们不假思索地同答道。

"对了！我们人类头脑的侧面形象就是一个大大的问号。人生在世一定要勤于、善于提出问题啊！假如我们不善于提出问题，我们就对不起自己的模样，就不配称个人！"

任何一种伟大的思想在最初出现时，都是一个暴君。

——[德]歌德

凡是值得思考的事情，没有不是被人思考过的；我们必须做的只是试图重新加以思考而已。

——[德]歌德

 **故事连接**

爱因斯坦接受普林斯顿大学聘请以后，他到他办公室的那天，有位工作人员问他需要什么工具。"我看，一张书桌或台子，一把椅子和一些纸张和铅笔就行了。啊，对了，还要一个大废纸篓。"他说。

"为什么要大的！"工作人员不解地问。

"好让我把所有的错误都扔进去。"爱因斯坦如是说。

无知的人就跟猪一样的盲目，他们嘲笑知识，讥笑学问，鄙夷地把学术上的成就一脚踢开，却不知道自己正享受着学术上的一切成果呢。

——[俄]克雷洛夫

聪明才智不在于知识渊博。我们不可能什么都知道。聪明才智不在于尽量地多知道，而在于知道最必要的东西，知道哪些东西不甚需要，哪些东西根本不需要。

——[俄]列夫·托尔斯泰

决不要企图掩饰自己知识上的缺陷，哪怕是用最大胆的猜想和假设作为借口来掩饰。

——[俄]巴甫洛夫

有一本我们许多人乐于阅读而且百读不厌的书，这就是《人书》。每当你与人交谈和交往时，都可去翻阅它。

——［英］贝赞特：《对我有影响的书》

读书不在多而在精；有选择地读几本书效果反而好；读书太滥只能满足消遣而已。

——［古罗马］塞涅卡：《致鲁西流书信集》

人生是短暂的，其中宁静的日子很少。所以，我们不应把它们浪费在读那些没有价值的书上。

——［美］约·罗斯金：《芝麻与百合》

读书不可偏颇，既要广泛地当心人物，又要广泛地注意事物。

——［英］托·阿诺德：《对其门徒的训嘱》

读书不能囫囵吞枣，而要从中吸取自己需要的东西。

——［挪威］易卜生：《培尔·金特》

读书要像著书那样审慎而有节制。

——［美］梭洛：《沃尔登·读书》

对于书本上的东西，我们既不可存心挑刺找茬，也不可一味地盲目听信，更不能拿它们当聊天的谈资和说教的材料，而应该明辨良莠，潜心体会。有些书只能浅尝，有些只能吞咽，只有少数一部分书才值得细嚼慢消化。也就是说，有些书只能挑选其中的某些章节随便看看，有些只可粗略地浏览一遍，只有少数一部分书才值得通篇精读，刻意理解。

——［英］培根：《随笔集·论读书》

书读得多必然会分心。

——［古罗马］塞涅卡：《致鲁西流书信集》

漫无目标，无书不读的人，他们的知识是很难非常精湛的。

——［英］柯南道尔：《福尔摩斯探案集》

我阅读关于我所不懂的题目之书籍时，所用的方法是先求得该题目的肤浅的见解，先浏览许多页和好多章，然后才从头重读起，以求获得精密的知识，我们对该题目越熟悉，理解的能力就越增加，读到该书的终末，就懂得它的起首。这是我所能介绍给你之唯一的正确的方法。

——［德］狄慈根：《辩证法的逻辑》

有些书可供一赏，有些书可以浏览。有不多的几部书则应当咀嚼消化；这就是说，有些书只要读读它们的一部分就够了，有些书可以全读，但是不必过于细心地读，还有不多的几部书则应当全读、勤读，而且用心地读。

——［英］培根：《论学问》

如同拨一下木头就能使奄奄一息的火苗升腾起大火一样，一个愚笨的脑袋会因为学习而产生变化。

——［美］朗费罗：《丛林漫游·席间闲谈》

地不耕种，再肥沃也长不出果实；人不学习，再聪明也目不识丁。

——［古罗马］西塞罗：《图斯库卢姆谈话录》

书山有路勤为径，学海无涯苦作舟。

——［中］《古今对联集锦·治学联》

古今中外凡是有成就的科学家、艺术家，尽管他们成就的条件各不相同，但有一条共同的，就是苦学苦钻的精神，肯于下苦功夫。青年人不仅要把前人的学问继承下来，还要把前人做学问的刻苦精神也继承下来。

——［中］朱德：《和青年谈学习》

科学技术的发展是无穷尽的，因此，不要学到一点就满足了，骄傲了，就自以为是，故步自封，停滞不前。要不断地学习，过了一峰还要攀更高的一峰，要精益求精。只有这样，才会真正成为有真才实学的人。

——［中］朱德：《和青年谈学习》

要掌握科学技术，必须抱虚心学习的态度。青年人总想自己创造新东西，这种精神是好的；但对前辈的、别人的经验往往不够重视。他们因为看到某些老经验存在一定的局限性，就一概认为已经落后了、过时了，不适用了，这是不对的。不因循守旧，有革新精神，这无疑是好的。但是，要创造新的科学技术也不能离开原有的基础，而是要采取推陈出新的办法来创建新的东西。这样，我们不仅可以把过去一切有用的知识都吸收过来，而且还可以少走弯路。

——［中］朱德：《和青年谈学习》

科学对于勤学苦钻的人来说，并不是什么神秘的东西，何况今天的青年，无论哪方面的条件都比过去优越得多，在党的亲切关怀和领导之下，只要虚心地、刻苦地、认真地、顽强地学习，是完全可以攀上科学的高峰的。

——［中］朱德：《和青年谈学习》

加紧学习，抓住中心，宁精勿杂，宁专勿多。

——［中］周恩来：《我的修养要则》

学习的经济是：学得少，懂得多，做得好（行得通）。不经济的学习是：学得多，懂得少，做不好（行不通）。所谓读书要三到：眼到，手到，心到，就是要求其真懂。

——［中］徐特立：《札记摘录》

问题在于每一门学问固然有开端，可是简直没有结尾，犹如循环小数一样。动物学发现三万五千种昆虫，化学发现六十种元素。将来这些数字后边即使加上十个零，动物学和化学离着结束也仍旧会像现在这样遥远，当代的全部科学工作恰好就在于扩大数字。

——［俄］契诃夫：《在路上》

学问是我们随身的财产，我们自己在什么地方，我们的学问也跟着我们在一起。

——［英］莎士比亚：《爱的徒劳》

有力量的人，有学问的人就是主人，所有其余的人都是客人。

——［苏］高尔基：《克里姆·萨姆金的一生》

学问归于勤奋者；财富归于细心人；权力归于勇士；天堂归于圣贤。

——［美］本·富兰克林：《格言历书》

人真正的学问，真正的研究是人类。

——［法］沙朗：《关于智慧》

趁现在年富力强的时候，努力做一种专门学问。少年是一去不复返的，等到精力衰时，要做学问也来不及了。既为吃饭计，学问决不会辜负人的。

——［中］胡适：《中国公学十八年级毕业赠言》

学问如大厦，需要出色的管理人不断地修缮保养。

——［英］塞·巴特勒：《平凡的观察》

爱学问的人也爱权势。

——［美］爱默生：《社交与孤独·论俱乐部》

永恒的财富是学问真知，其他一切财富皆不足挂齿。

——［印度］瓦鲁瓦尔：《古拉尔箴言·政事篇》

人们生来并无富贵贫贱之别，唯有勤于学问、知识丰富的人才能富贵，没有学问的人就成为贫贱。

——［日］福泽谕吉：《学问的旨趣》

为学不限于读书，这是人所共知的事情，实己无待赘言。学问的要诀，在于活用，不能活用的学问，便等于无学。

——［日］福泽谕吉：《论人的品行必须高尚》

一个人没有学问，就跟一条牛没有区别，不是带上轭便是给人串了吃肉，它还尽摇晃着尾巴。

——［苏］高尔基：《人间》

学问可以改善人心，培养文雅和仁爱的品质。

——［美］马克·吐温：《王子与贫儿》

知有所困，神有所不及也。

——［中］庄周：《庄子·外物》

我反复思考：跟智慧结婚便是获得永生；爱她便是无上的幸福，做她的工作便是无可限量的富有，与她结伴便会具有明智的判断，和她谈话便会得到荣耀。于是我决定，娶智慧做我的新娘。

——《圣经后典·所罗门智训》

智慧的最后结论就是，无论生活，还是自由，每天赢得后方能享用。

——［德］歌德：《浮士德》

珊瑚，水晶，都不足论，智慧的价值胜过珍珠。

——《旧约全书·约伯记》

智慧是关于追求和规避的知识。

——［古罗马］西塞罗：《义务论》

一盎司自己的智慧抵得上一吨别人的智慧。

——［英］斯特恩：《特里斯脱兰·香代》

没有发挥出来的智慧如同埋在地下的宝贝——两者都是无用的。

——《圣经后典·便西拉智训》

有些智慧已经创造了所取得的一切成果，创造了天然的产品或艺术品：智慧处处都在指挥创造。

——［古罗马］普罗提诺：《九章集》

尽管我们靠别人的知识成了一个博学之才，但要成一个智者则要靠自己的智慧。

——［法］蒙田：《随想录》

坚定不移的智慧是最宝贵的东西，胜过其余的一切。

——［古希腊］德谟克利特：《著作残篇》

我真敬佩你，因为你并不曾宁愿得到金银的宝库而不要智慧的宝库；显然，你以为金子和银子都不能使人较为好一些，而有智慧的人的思想却能使人富有美德。

——［古希腊］苏格拉底，引自色诺芬《苏格拉底回忆录》

智慧护庇人，好像银钱护庇人一样。唯独智慧能保全智慧人的生命，这就是知识的益处。

——《旧约全书·传道书》

得智慧胜过得银子，其利益强如精金。

——《旧约全书·箴言》

任何欲医治无知的人必须承认自己的无知。

——［法］蒙田：《随笔集》

经验是知识之父，记忆是知识之母。

——［英］托·富勒：《箴言集》

一切真知都是从直接经验发源的。

——［中］毛泽东：《实践论》

经验是一面镜子，借鉴它，你能清楚地看到往事。

——［挪威］易卜生：《青年同盟》

经验是一个国家的真知。

——［法］拿破仑一世，引自弗雷德里克斯《拿破仑格言录》

在几乎一切事情中，经验贵于理论。

——［古罗马］昆体良:《演说术原理》

经验是思想的结果；思想是行动的结果。

——［英］本·迪斯累里:《维维安·格雷》

对大多数人来说，经验犹如航船上的尾灯，只照亮已经驶过的航程。

——［英］柯尔律治:《席间闲谈》

知识是往昔经验的神圣积淀，但它却无法将未来的所有经验置于书架上，也不能阻止普通大众运用他们的手、舌、眼、耳和理解力。

——［英］赫兹里特:《论作家们的谈话》

人的聪明才智不在于经验的多少，而在于应用经验的能力的强弱。

——［英］萧伯纳:《革命者的箴规》

任何人的知识不可能超过他自己的经验。

——［英］洛克:《人类悟性论》

我们的一切知识都导源于经验，而且是以经验为基础的。

——［英］洛克:《人类理解论》

我们的一切知识都由经验开始，并不意味着我们的一切知识都来自经验。相反，我们经验的知识，很可能是由我们受之于印象的东西和我们的认识潜能(感性印象仅仅是它的契机)自身所提供的东西这两者合成。

——［德］康德:《纯粹理性批判》

我们的全部知识都基于经验，归根到底知识产生于经验。

——［英］洛克:《人间悟性》

知识就是力量。

——［英］培根

人生最美好的主旨和人类生活最幸福的结果，无过于学习了。

——［法］巴尔扎克

只有知识——才能构成巨大的财富的源泉，既使土地获得丰收，又使文化繁荣昌盛。愚昧从来没有给人们带来幸福；幸福的根源在于知识；知识会使精神和物质的硗薄的原野变成肥沃的土地，每年它的产品将以十倍的增长率，给我们带来财富。

——［法］左拉

知识是珍贵宝石的结晶，文化是宝石放出的光辉。

——［印度］泰戈尔

作为心智脂肪储备起来的知识并无用处，只有变成了心智肌肉才有用。

——［英］斯宾塞

书籍是人类进步的阶梯。

——［苏］高尔基

书，这是一代人对另一代人的精神上的遗言，这是将死的老人对刚刚开始生活的青年人的忠告。这是准备去休息向前来代替他的岗位的哨兵的命令。

——［俄］赫尔岑

书籍是横渡时间大海的航船。

——［英］培根

书籍具有不朽的能力。它是人类活动的最长久的果实。

——［英］史迈尔斯

词典好比钟表，再坏也总比没有好，再好也不能指望它毫厘不爽。

——［英］约翰逊

爱好读书，就能把无聊的时刻变成喜悦的时刻。

——［法］孟德斯鸠

任何时候我也不会满足，越是多读书，就越是深刻地感到自己知识贫乏。

——［德］马克思

读书，这个我们习以为常的平凡过程，实际是人的心灵和上下古今一切民族的伟大智慧相结合的过程。

——［苏］高尔基

书籍——当代真正的大学。

——［英］卡莱尔

书籍是全人类的营养品。生活里没有书籍，就好像没有阳光；智慧里没有书籍，就好像鸟儿没有翅膀。

——［英］莎士比亚

只有宇宙而没有书籍，只是一种萌芽的理想。宇宙加上书籍，才有了科学的雏形。

——［法］雨果

各种蠢事，在每天阅读好书的影响下，仿佛烤在火上一样，渐渐熔化。

——［法］雨果

读书是意味着利用别人的头脑来取代自己的头脑。

——［德］叔本华

书籍所赋予我们的思想，比现实生活赋予我们的更加生动活泼，正如倒影里面反映的山石花卉常常要比真实的山石花卉更加多姿迷人一样。

——［美］约翰·卢保克

人的智慧掌握着三把钥匙：一把开启数字，一把开启字母，一把开启音符。知识、思想、幻想就在其中。

——［法］雨果

好人之所以好是因为他是有智慧的，坏人之所以坏是因为他是愚蠢的。

——［古希腊］柏拉图

智慧，不是死的默念，而是生的沉思。

——［荷兰］斯宾诺莎

愚蠢的本性是只见到别人的过失而忘了自己的错误。

——［古罗马］西塞罗

犹如字典不能称为论文，好的记性从来不是智慧的同义词。

——［英］纽曼

世上只有两种威力：剑与智慧。从长远看，剑总是被智慧制伏。

——［法］拿破仑

丧失了良知的才智比没有更糟。

——［英］扬格

智慧使自己逐渐产生神圣的灵魂。

——［英］奥古斯丁

聪明睿智的特点就在于，只需看到和听到一点就能长久地考虑和更多地理解。

——［意大利］布鲁诺

观察和经验和谐地应用到生活上去便是智慧。

——［俄］冈察洛夫

与智慧结合的幻想是艺术之母和奇迹之源。

——［西班牙］戈雅

当我们得到理解的时候，智慧是不会枯竭的；智慧同智慧相碰，就迸溅出无数火花。

——［俄］马尔林斯基

人的智慧不用就会枯萎。

——［意大利］达·芬奇

智慧的可靠标志就是能够在平凡中发现奇迹。

——［美］爱默生

靠智慧能赢得财产；但没人能用财产换来智慧。

——［美］泰勒

没有智慧的头脑，就像没有蜡烛的灯笼。

——［俄］列夫·托尔斯泰

人类智慧的可贵之处，就在于能在苦闷中发挥力量，在黑暗中见出光明，在绝望中看到希望。在丑恶的一面之外，也能同时展示给人们美好的一面。

——［法］罗曼·罗兰

科学是我们时代的神经。

——［苏］高尔基

在科学的入口处，好比在地狱的入口处一样，必须提出这样的要求："这里必须根绝一切犹豫，这里任何怯懦都是无济于事。"

——［德］马克思

攻克科学堡垒，就像打仗一样，总会有人牺牲、有人受伤，我要为科学而献身。

——［俄］罗蒙诺索夫

科学不过是训练有素、组织得好的常识。

——［英］赫胥黎

科学有点儿像你呼吸的空气——它无处不在。

——［美］艾森豪威尔

科学始终是不公道的，如果它不提出十个问题，也就永远不能解决一个问题。

——［爱尔兰］萧伯纳

我平生从来没有做过一次偶然的发明。我的一切发明都是经过深思熟虑、严格试验的结果。

——［美］爱迪生

艺术家和科学家的价值在于没有私欲的服务，在于为千万人的利益服务。

——［美］罗斯福

科学是人类积累的知识的巨大宝库。

——［苏］克鲁普斯卡娅

科学的种子是为了人民的收获而生长的。

——［俄］门捷列夫

人们往往将科学和知识混为一谈。这是一种偏见。科学不仅是知识，而且是意识，也就是运用知识的本领。

——［俄］克柳切夫斯基

发现一条走不通的路，就是对于科学的一大贡献。

——［美］爱因斯坦

假若前人缺乏冒险精神，今天就没了电灯、雷达、飞机、人造卫星，也没有青霉素和汽车。

——［美］菲·凯德威

艺术的目的在于令人困惑，科学的目的在于令人放心。

——［法］勃拉克

科学是统帅，实践是士兵。

——［意大利］达·芬奇

打开一切科学的钥匙都毫无异议地是问号，我们大部分的伟大发现都应归于如何，而生活的智慧大概就在于逢事问个为什么。

——［法］巴尔扎克

智慧是生成的，知识是学来的。

——［中］陶行知

多诈的人渺视学问，愚鲁的人羡慕学问，聪明的人运用学问。

——［英］培根

地球是有限的，而知识是无限的。因此一旦工业与知识和科学结合起来，就会有无限发展的前景。

——［俄］门捷列夫

未知的事物总是被人以为奇妙无比。

——［古罗马］塔西佗

知识与生命，两者是不可分离的。正如两个知心朋友，其中一个死去，剩下的一人也痛不欲生。

——［阿拉伯］伊本·穆加发

知识是果树，知识的应用就是果树上结的果实。

——［阿拉伯］伊本·穆加发

知识有重量，但成就有光泽。有人感觉到知识的力量，但更多的人只看到成就的光泽。

——［美］切斯特菲尔德

自然赐给了我们知识的种子，而不是知识的本身。

——［古罗马］塞涅卡

知识已成为生产力、竞争力和经济成就的关键因素。

——［美］彼德·德鲁克

人的知识和人的力量这两件东西是结合成一体的，工作的失败都起因于对因果关系的无知。

——［英］培根

具有丰富知识和经验的人，比只有一种知识和经验的人更容易产生新的联想和独到的见解。

——［英］泰勒

知识的奇特就在于：谁真正渴求它，谁就往往能够得到它。

——［美］杰弗里斯

谈说是知识的领域，倾听是睿智的特权。

——［美］霍姆斯

知识投资收益最大。

——［美］富兰克林

行动是知识最好的果实。

——［英］福勒

任何人的知识不可能超过他自己的经验。

——［英］洛克

什么是知识？它不是别的，是记录下来的经验。

——［美］卡莱尔

知识是种子，而好奇则是知识的萌芽。

——［英］培根

思考和知识应该是经常同步而行。不然，知识就是个死物，而且会毫无成果地消亡。

——［德］洪堡

真正的知识是道德。

——［古希腊］苏格拉底

真正有知识的人谦虚、谨慎；只有无知的人才冒昧、武断。

——［法］格兰维尔

知识是使人类快乐的主要因素之一。

——［英］罗素

身体的财富是健康，思想的财富是知识。

——［俄］乌申斯基

知识贵在质，不在量。

——［英］莎士比亚

知识哟！只要和你在一起，人甚至在枷锁下也是自由的。

——［法］爱尔维修

正直但无知识是软弱的，也是无用的；有知识但不正直是危险的，也是可怕的。

——［美］塞·约翰逊

知识是工具，而不是目的。

——［俄］列夫·托尔斯泰

对知识的渴求是人类的自然意向，任何头脑健全的人都会为获取知识而不惜一切。

——［美］塞缪尔·约翰逊

为了能在知识王国内实现一切目标，人们不得不作出超越现实能力的允诺。

——［德］尼采

求知识就像爬楼梯，想一下爬四五级，一步登天，会掉下来。不要生吞活剥，不求甚解，要老老实实地埋头苦干。

——［中］华罗庚

知识是可以求得的东西，今天没有知识，明天就会有知识了。

——［苏］加里宁

应当使每个人的见识和知识，比他的父亲和祖父的见识和知识更多。

——［俄］契诃夫

获得知识就如同获得金子这种珍贵物质一样，也是需要聪明才智的。

——［英］罗斯金

书里有真知识和伪知识，读他一辈子，不能辨别他的真伪；可是用他一下，书的本来面目便显了出来，真的便用得出去，伪的便用不出去。

——［中］陶行知

行是知之始，知是行之成。

——［中］陶行知

行动是通往知识的唯一道路。

——［爱尔兰］萧伯纳

应当随时学习，学习一切，应该集中全力，以求知道得更多，知道一切。

——［苏］高尔基

问是非常讨巧的事，是求知识的捷径。

——［中］徐特立

知识是从刻苦劳动中得来的，任何成就都是刻苦劳动的结果。

——［中］宋庆龄

毕生保持求知欲，就一定能在自己的重大使命上成就一件事。

——［日］池田大作

知在争取幸福的问题上，求知欲比追求财富的欲望是更加可取的。

——［英］休谟

治学问，做研究工作，必须持之以恒，不怕失败。摔倒了爬起来，想一想，再前进。

——［中］华罗庚

求学如吃饭，用不着强迫，我们要劝导人民拿着饭碗求学，不强迫人民丢掉饭碗读书。

——［中］陶行知

你不能赤手空拳地开始你的行程，你必须用知识把自己武装起来，你必须锻炼出健壮的身体和足够的勇气。

——［中］宋庆龄

求知的目的不是为了吹嘘炫耀，而应该是为了寻找真理，启迪智慧。

——［英］培根

无所学，则无所知。

——［英］J.豪厄尔

学一次有一次见解，习一次有一次情趣，愈久愈入，愈入愈熟。

——［中］颜元

对一种行动或科学技术，先模仿照样做，然后再反复练习，使之纯熟，最后熟能生巧，有个人心得或新发现，才能得到一种快乐。

——［中］吴耕民

他不往后面看，只是往前赶，赶回家去的仅是一辆空车，反而夸张他走了很长的路程。

——［苏］凯洛夫

至少读三遍，第一遍，尽作艺术享受；第二遍，大拆卸，像机枪手学习拆卸和装配机枪一样，仔细考察每个零件的性能、制作方法和他们的联系；第三遍，再浏览，求得一个技术的完整印象。

——［中］王汶石

我们在不断接触新知识的同时，对已学过的课程要学而时习之，这样经过反复循环多次复习，不仅能巩固、深化已学的知识，而且有利于更好地掌握新东西，即"温故而知新"。

——［中］卢嘉锡

学者用功，须是渐进而不已，日计不足，岁计则有余，若一曝十寒，进锐退速，皆非学也。

——［中］朱舜水

重要的书必须常常反复阅读，每读一次都会觉得开卷有益。

——［法］列那尔

读书的喜悦，得自一次又一次地反复阅读。

——［美］劳伦斯

读书是一个反复的过程，要通过反复使自己学到的东西达到娴熟的程度。

——［中］张广厚

温故而知新，可以为师矣。

——［中］孔子

我们应该尽量使孩子们最初听到的一些故事必定是有道德影响的最好的一课。

——〔古希腊〕柏拉图

幼小时所得的印象，哪怕极微极小，小到几乎觉察不出，都有极重大极长久的影响。

——〔英〕约翰·洛克

不在于给儿童以虚假的道德说教，而在于防止纯洁的心灵沾染罪恶。

——〔法〕卢梭

不要把儿童当作大人的娱乐品，相反地，父母们仔细通过家事安排提供严格规律的生活，可以看到父母给予子女显著的好处。

——〔德〕赫尔巴特

要爱护儿童，帮他们做游戏，使他们快乐，培养他们可爱的本能。

——〔法〕卢梭

必须使孩子养成这样一种习惯，既不命令人，因为他不是谁的主人；也不命令东西，因为东西是不听他的命令的。

——〔法〕卢梭

在社会中执法若不严明，犯罪就会增多；在家庭中惩罚孩子如果迟疑不决或前后不一致，结果也会使过失大大增加。

——〔英〕斯宾塞

父母对自己的要求，父母对自己家庭的尊敬，父母对自己一举一动的检点：这是首要的和最基本的教育方法。

——〔苏〕马卡连柯

儿童(不，成人也是一样)的举止大半是模仿得来的。我们都是一种模仿很强的动物，是染于青则青，染于黄则黄的。

——〔英〕约翰·洛克

……务使敬畏父母之心变得很自然，他们的心理要肯服从，没有一点点勉强。

——〔英〕约翰·洛克

我们常常看见做父母的偏爱子女，这是以害子女。所以做父母的，真正爱子女，不应当偏爱子女，不应当偏憎子女，须以公平正直的手段对待子女。

——［中］陈鹤琴

家庭中正常关系的失调，是以后产生精神和情绪的各种病念的肥沃的土壤。

——［美］杜威

家庭生活在儿童生长的每一个时期，不，在人的一生中，是无可比拟的重要的。

——［德］福禄培尔

儿童的一般发展、记忆，在很大程度上取决于家庭里的智力必趣如何，成年人读些什么，想些什么，以及他们给儿童的思想留下了哪些影响。

——［苏］苏霍姆林斯基

见博则不迷，听聪则不惑。

——［唐代诗人］牟融

只有广泛地得到教益，自己才能兼容并蓄，融会贯通，然后才能独创一格。

——［中］荀慧生

过去许多大学者，在学术研究的工作方面，主张"由博返约"，不是没有原因的。所谓"由博返约"，便是人所共知的学术常识，我要知道；人所必读的重要书籍，我要涉猎。

——［中］张舜徽

每个科学家、文学家、艺术家在他们成"家"之前，绝无例外地都有文、史、哲、数、理、化等方面经过艰苦的努力，打下了坚实的基础。

——［中］夏衍

千仓万箱，非一耕所得；干天之木，非旬日所长。

——［晋代思想家］葛洪

一天即使只学习一个小时，一年就积累成三百六十五个小时，积零为整，时间就被征服了。

——［中］吴晗

大木百寻，根积深也；沧海百仞，众流成也；渊智洞达，累学之功也。

——［中］唐滂

水非石之钻，绳非木之锯，然而断穴者，积渐之所成也。

——［南北朝文艺理论家］刘昼

为山者，基于一篑之土，以成千丈之峭；凿井者，起于三寸之坎，以就万仞之深。

——［南北朝文艺理论家］刘昼

积学以储宝，酌理以富才。

——（南北朝文艺理论家）刘勰

积累知识，也应该有农民积肥的劲头。捡的范围要宽，不要限制太多……牛粪、羊粪、人粪都一概捡回米，让它们统统变成有用的肥料，滋养作物的生长。

——［中］邓拓

鸿毛性轻，积之沉舟；缯缟质薄，叠之折轴。以毛缟之轻微，能败舟轴者，积多之所致也。

——［南北朝文艺理论家］刘昼

古今中外有学问的人，有成就的人，总是十分注意积累的。知识就是积累起来的，经验也是积累起来的。我们对什么事情都不应该像"过眼烟云"。

——［中］邓拓

对悬崖峭壁，一百年也看不出一条缝来，但用斧凿，能进一寸进一寸，能进一尺进一尺，不断积累，飞跃必来，突破随之。

——［中］华罗庚

科学是老老实实的东西，它要靠许许多多人的劳动和智慧积累起来。

——［美］爱迪生

泰山不让土壤，故能成其大；江海不择细流，故能就其深。

——［秦朝宰相］李斯

除了多学，便是多抄。平时读书把自己认为有用的材料抄下来，记上书名、作者和卷数、篇名，把性质相同的放在一起。

——［中］吴晗

要勤于做摘记，写自己的看法。治学的人，大量时间都是花在抄、摘资料，做卡片，写札记上的。

——［中］胡华

现在人们喜欢在书的旁边圈点，表示重要，这很好，但是还不够，最好把重要的地方抄下来。

——［中］王力

读重要著作，必须择要在心头和在卡片上作摘记。这不但有助于备忘，而且可以起监督自己聚精会神、认真阅读的作用。

——［中］骆耕漠

勤，除了要多看，还要多抄。把你认为重要的地方抄下来，或做成卡片，这样就能巩固记忆。

——［中］吴晗

有志于治学的人，我建议你们特别重视卡片工作。记卡片工作有两个办法，一个是把大意记在卡片上，一个是抄录原书。

——［中］姚雪垠

新想法常瞬息即逝，必须努力集中注意，牢记在心，方能捕获。一个普遍使用的好方法是养成随身携带纸笔的习惯，记下闪过脑际的有独到之见的念头。

——［英］贝弗里奇

用笔记本一方面把重要的记下来，另一方面，某些地方我不同意书里的讲法，可以写上一段自己的看法，表示自己的意思。

——［中］鲁迅

涓滴之可磨损大石，不是由于它力量强大，而是由于昼夜不舍地滴坠。

——［德］贝多芬

任何时候也不会满足，越是读书，就越是深刻感到不满足，越感到自己的知识贫乏。科学是奥妙无穷的。

——［德］马克思

学海迷茫未有涯，何来捷径指褒斜。

——［清代学者］赵翼

贵有恒，何必三更睡，五更起；最无益，只怕一日曝，十日寒。

——［中］毛泽东

胜利者不一定是跑得最快的人，而是最能耐久的人。

——［美］本杰明·富兰克林

积累知识在于勤，学问渊博在于恒。

——［法］雨果

缓慢面有恒赢得竞赛。

——［美］莱特

滴水可以聚成江河，粒米可以聚成谷仓。

——［波斯］萨迪

只要持之以恒，知识丰富了，终能发现其奥秘。

——［美］杨振宁

做一件事，无论大小，倘无恒心，是很不好的。

——［中］鲁迅

耐心和恒心总会得到报酬的。

——［美］爱因斯坦

一只牛虻有意志力就能征服一头优柔寡断的牛。

——［古希腊］卡赞扎基

读书做事，小怕迟慢，最怕停顿。

——［法］福楼拜

顽强的毅力可以征服世界上任何一座高峰。

——［美］狄更斯

只有毅力才会使我们成功，而毅力的来源又在于毫不动摇，坚决采取为达到成功所需要的手段。

——［俄］车尔尼雪夫斯基

所有坚韧不拔的努力迟早会取得报酬的。

——［保加利亚］安格尔

要有恒心！不要依靠灵感，灵感是不存在的。艺术家的优良品质，无非是智慧、专心、真挚、意志。

——［法］罗丹

不怕一点一点加，天长日久成巨匠。

——［古希腊］赫西奥德

只有恒心可以使你达到目的，只有博学可以使你明辨世事。

——［德］席勒

一个人只要强烈地坚持不懈地追求，他就能达到目的。

——［法］司汤达

一个人做事不专，这样弄一点，那样弄一点，既要翻译，又要作小说，还要作批评，并且也要作诗，这怎么弄得好呢？

——［中］鲁迅

一个人不能骑两匹马，骑上这匹就要丢掉那匹。

——［德］歌德

必须记住，我们学习的时间足有限的。……我们应该力求把我们所有的时间用去做有益的事情。

——［英］斯宾塞

加紧学习，抓住中心，宁精勿杂，宁专勿多。

——［中］周恩来

一个高中文科的学生，与其囫囵吞枣或走马观花地读二部诗集，不如仔仔细细地背诵三百首诗。

——［中］朱自清

学贵专，不以泛滥为贤。

——［宋朝思想家］程颐

性痴，则其志凝；故书痴者文必工，艺痴者技必良，——世之落拓而无成者，皆自谓不痴者也。

——［清代小说家］蒲松龄

与其花许多时间和精力去凿许多浅井，不如花同样的时间和精力去凿一口深井。

——［法］罗曼·罗兰

研究学问，必须在某处突破一点。

——［德］马克思

读书不必求多，而要求精。这是历来读书人的共同经验。

——［中］邓拓

读书欲精不欲博，用心欲专不欲杂。

——［英］弗兰西斯·培根

聪明人会把凡是分散精力的要求置之度外，只专心致志地去学一门，学一门就要把它学好。

——［德］歌德

人的思想是了不起。只要专注于某一项事业，那就一定会做出使自己吃惊的成绩来。

——［美］马克·吐温

竹子是一节一节长起来的，功夫是一天一天练出来的。

——［清代名臣］曾国藩

学习和研究好比爬梯子，要一步步地往上爬。企图一下登四五步，平步登天，就必然会摔跤。

——［中］华罗庚

想要攀登学习的高峰以前，先应该去学习它的ABC。

——［俄］巴甫洛夫

应当循序渐进地来学习一切，在一个时间内，只应当把注意力集中往一件事情上。

——［捷克］夸美纽斯

作为女儿，能够孝敬父母，被父母需要，是一种幸福；作为妻子，能够扶持夫君，被丈夫需要，是一种快乐；作为母亲，能够照顾子女，被孩子需要，是一种享受；作为教师，能够传播知识，被学生需要，是一种满足。正是这种被需要的感觉，让我们油生一份责任，让我们尽自己最大的努力扮演好生活中每一个属于自己的角色。

——［中］连爱芹

真正的幸福，其实不是让我们背负终生之憾，而是要我们把握好自己手里的那一时刻，学会包容与珍惜；然后，才能从彼此心灵的和弦里感受到真正的幸福。

——［中］郑秀芳

学校的责任不仅在于使每个学生都确立为社会、为他人、为自我创造幸福的信念，获得为世界、为人类创造幸福的能力，而且还应使每个学生在学生时代享受、体验生活的幸福，进而使他们热爱生活、关注时代、向往明天、奉献社会。使每个学生都成为人类的希望所在、社会的灵感所在、创造的星火所在、幸福的价值所在、美好的标志所在。

——［中］袁炳飞

不能抱怨你为学生付出了多少，而要常常感激学生使自己拥有了第二个童年，促进了自己生命意义的升华。一个人一生有两次成长的黄金时光，一是自己的童年，二是陪伴孩子的童年。陪伴儿童一起成长，是儿童为我们创造的成长良机。

——［中］杨瑞清

抛开功利主义等诸多人为因素的干扰，体验工作的快乐、生活的幸福，这就是对教育人生的追求。有了这种追求，教师就会立足现实，在快乐中奋斗，在逆境中升华，在现实中超越自己；就会不再把备课看成任务与负担，不再把教书看成是单纯的谋生手段，而是把这些当做事业去奋斗、当做科学去研究、当做艺术去探索、当做理想去追求。一句话，敬业才能乐教，乐教才能善教；敬业才会自觉育己，育己才能更好地育人。

——［中］孟庆松

当学生精神不振时，你能使他们振作；当学生过度兴奋时，你能使他们平静；当学生茫无头绪时，你能给他们启迪；当学生自卑自弃时，你能给他们自信……你能从学生的眼睛里读出愿望，你能从学生的争论中擦出思想的火花，你能使学生在课堂上感受成功的快乐和发现的惊喜……这种种的快乐和幸福皆非语言所能表达。不快乐的老师很难教出快乐的学生，不快乐的教师也很难享受美好的生活。我们要做快乐的、热爱生活的教师，让思想轻盈地飞翔，让心中洒满灿烂的阳光。

——［中］刘瑞清

让我们小而为之：捡起一片落叶，收获季节变幻的快乐；扶正一株小苗，收获一点蓬勃的绿意；予人一个微笑，收获一分恬适的心情；批好一次作业，收获一个孩子的进步；引导一个顽童，收获一个健康的人生……做每一件小事，就是一次成功的储备和积淀……做好了它们，你依然会有成就感，会有自豪感。

——［中］蒋静雅

以创造性的劳动去实现自己的生命价值，在创造性的劳动中，享受因过程本身而带来的自身生命力焕发的欢乐是教师职业最大的魅力所在。

——［中］张民选

我们的工作是一项以心育心、以德育德、以人格育人格、以智慧育智慧的艰苦而崇高的精神劳动。其艰苦在于劳心劳力劳智慧，其崇高在于树人树德铸灵魂。

——［中］李利萍

只有当你用心投入地去做教育的时候，你才会发现教育原来有这么多叫人流连忘返的领域，教育原来可以做得这么有滋有味。这个时候，教育的幸福会自动来到你身边。

——［中］管建刚

要知道：老师赞扬的一句话，留给学生的是自信；老师批评的一句话，留给学生反省的空间；老师幽默的一句话，留下一片欢乐的回音；老师睿智的一句话，留给学生咀嚼的天地；老师关心的一句话，留下温馨给学生。

——［中］唐海岳

微笑就是阳光，能融化冰雪；微笑是春雨，能滋润万物；微笑是桥梁，能沟通师生的心灵。老师的微笑是送给学生最好的礼物。愿每一位老师都学会微笑，每一天都能问问自己："你今天对学生微笑了吗？"

——［中］陆利东

内心富有的人即使权重一时，或是才华绝伦，或是富可敌国，也绝不会恃才傲物、盛气凌人、目空一切，他们往往不断地擦拭心灵的窗户，往往会更加谦虚谨慎、礼贤下士、平易近人，善良宽厚。良好的道德品质和人格修养就是人的最美丽的东西。人人都具有这样的美丽，人间才会更加温馨，世界才会是美丽的世界。

——［中］张万祥

做个教师是富有的，我们辛勤地播种一粒粒爱的种子，我们收获的是一生的精彩和一个花团锦簇的世界。

——［中］蒋静雅

深刻的教育是一种唤醒，一种激励，一种提升。教育本身意味着用一个灵魂去唤醒另一个灵魂，深刻的教育源于我们对生活的热爱、发现和感悟，源于我们对教育事业的无限忠诚。

——［中］吴久宏

一声真诚的问候是美，一次热情的帮助是美，一句理解的安慰是美，一个会心的微笑是美，一句善意的谎言是美，一次勇敢的发言是美，一次有创意的尝试是美，一份入团申请也代表着美，敢于承担责任是美，敢于正视失败更是美，挥洒同情的泪还是美，充满爱心的捐赠是让人感动的美……学生总时时刻刻在有意无意地展现着美，关键就看老师能否敏锐地观察、有意地发现、及时地感应并不失时机地鼓励肯定，让这些美更加光彩而持久。

——［中］陈秋苹

如果教师将工作当成苦役，没有体验到美感和幸福，没有体验到成功和喜悦，那么他不会有所成就，也不会得到学生的感激。在市场经济条件下，追求财富的最大化是不大可能的，但追求幸福的最大化却是可能的。教师的幸福是学生成长的迁移，是一串成熟的教育果实。

——［中］包戴星

第六篇

社会、交际

法律是显露的道德，道德是隐藏的法律。

——［美］林肯

人民的安全应是至高无上的法律。

——［英］培根

带来安定的是两种力量：法律和礼貌。

——［德］歌德

善良的心是最好的法律。

——麦克莱

伟大的国家就是能产生出伟大人物的国家。

——［英］迪斯雷里

国家有优良的公民，那么这个国家就一定会强盛起来。

——［英格兰］沃纳

国家之前进在于人人勤奋、奋发、向上，正如国家之衰落由于人人懒惰、自私、堕落。

——［英］斯马尔兹

有益于身而有害于家的事情，我不干；有益于家而有害于国的事情，我不干。

——［法］孟德斯鸠

我不能不热爱祖国，但是这种爱不应当消极地满足于现状，而应当是生气勃勃地希望改进现状，并尽自己力量来促进这一点。

——［俄］别林斯基

科学没有国界，科学家却有国界。

——［俄］巴甫洛夫

什么是最好的政府？就是指导我们自己去治理自己的政府。

——［德］歌德

谁不属于自己的祖国，那么他也就不属于人类。

——［俄］别林斯基

一个人的绝对自由是疯狂，一个国家的绝对自由是混乱。

——［法］罗曼·罗兰

不要问国家能为你做什么，而要问你能为国家做什么。

——［美］肯尼迪

革命行动吸引社会上最好的和最坏的分子。

——［英］萧伯纳

人类的历史很忍耐地等待着被侮辱者的胜利。

——［印度］泰戈尔

人类正在狂风雨中改变面目，整个世界在改造中，不能容许任何人到过去时代美好事物中去找一个藏身洞。

——［法］罗曼·罗兰

没有痉挛，历史就永远不能向前迈进一步。

——［俄］车尔尼雪夫斯基

革命应不是琐细小事，但它却是起源于琐细事物。

——［古希腊］亚里士多德

纯正的主义常产生纯正的利益之果。

——［美］爱默生

好动与不满足是进步的第一必需品。

——［美］爱迪生

每个人都不同于他人，每一天他也不同于自身。

——［英］蒲柏

今日之我已非往日之我。

——［英］拜伦

不安就是不满，而不满足是进步的首要条件。你指给我一个心满意足的人，我就告诉你，他是一个倒霉透顶的人。

——［美］爱迪生

自由的目的是为他人创造自由。

——［美］马拉默德

正义和自由互为表里，一旦分割，两者都会失去。

——［英］富尔克

自由应是一个能使自己变得更好的机会。

——［法］加缪

道德是自由的保卫者。

——［荷兰］斯米茨

思想的自由就是最高的独立。

——［美］费斯克

自由就是做法律所许可的一切事情的权力。

——［法］孟德斯鸠

为了享有自由，我们必须控制自己。

——［德］任尔夫

没有自由的秩序和没有秩序的自由，同样具有破坏性。

——［美］西奥多·罗斯福

一个人只要宣称自己是自由的，就会同时感到他是受限制的。如果你敢于宣称自己是受限制的，你就会感到自己是自由的。

——［德］歌德

自由不仅为滥用权力而失去，也为滥用自由而失去。

——麦奇生

如果自由流于放纵，专制的魔鬼就乘机侵入。

——［美］华盛顿

甘心做奴隶的人，不知道自由的力量。

——［美］贝克

放弃基本的自由以换取苟安的人，终归失去自由，也得不到安全。

——［美］富兰克林

一个人不应该与被财富毁了的人交接来往……

——［法］居里夫人

 故事连接

彼埃尔·居里的夫人出生在波兰，原名叫玛丽·斯可罗多夫斯卡，16岁时，以优异的成绩毕业于华沙女子中学，并获得金质奖章。因为家境贫困，玛丽到乡下当了5年家庭教师，省吃俭用积攒了一点钱，只身踏上了去巴黎的旅途。

进入巴黎大学理学院后，这位贫穷的波兰姑娘很快就成为全班最优秀的学生。由于长期超时间学习，加上生活艰苦，营养不良，玛丽得了严重的贫血症。在一次昏倒之后，同学们了解到，玛丽为了节约钱去购买必要的学习用品，每天只吃一把小萝卜和半磅樱桃。为了赶功课，每天的睡眠不足3小时。

就这样，这位贫穷的女学生，以第一名的成绩毕业，获得了物理学硕士学位。第二年又以第二名的成绩在数学系毕业，获得数学硕士学位。

学成毕业后，玛丽认识了法国物理学家彼埃尔·居里，二人志趣相投，很快便结婚了。这以后，人们就称玛丽为居里夫人。二人结婚的这年，德国科学家伦琴发现了X光射线。第二年，法国物理学家贝克勒又发现铀矿物能放射出一种与X光线相似的奇妙射线。这种奇妙的射线对居里夫人产生了强烈的吸引力，她认为这太神奇了，就同丈夫商量一同研究射线。

彼埃尔二话没说，借到一间又寒冷又潮湿的小工作间，放下自己正在研究的课题，同妻子一道进行工作。

在研究过程中，居里夫人发现能放射出那奇怪光线的不只有铀，还有钍。因此她做出大胆判断：还有一种物质能够放射光线，这种新的物质，也就是还未发现的新元素，只是极少量地存在于矿物之中。居里夫人把它定名为"镭"。在拉丁文中，"镭"的原意就是"放射"。

假设是无法令人信服的，很多人对居里夫妇说："如果真有那种元素，就提取出来让我们见识见识！"

要提炼镭元素，需要足够的沥青铀矿，而这种矿很稀少，价格又很昂贵，居里夫妇根本无法办到。后来还是奥地利政府出面，赠送给他们一吨已提取过铀的沥青矿残渣，这才开始了提取纯镭的实验。

经过3年多的艰苦工作，居里夫妇终于提炼出0.1克镭盐，接着又初步测定了镭的原子量，发现这种元素的放射性比铀强200万倍，因而它不用借助任何外力，会自然发光发热。

镭的发现引起科学乃至哲学的巨大变革，为人类探索原子世界的奥秘打开了大门。居里夫妇凭借这个巨大贡献，获得了诺贝尔物理学奖。

不久以后，人们又发现镭在医学方面很有价值，给癌症患者带来了福音，这使本来就昂贵的镭变得更加珍贵。有人劝说居里夫妇去申请专利，这样就能成为百万富翁。但居里夫妇拒绝了，"镭是一种元素，它应属于全世界！"

1906年，彼埃尔·居里在一次车祸中丧生，悲伤万分的居里夫人没有停下研究的脚步，继续进行自己的科学研究。4年后，居里夫人成功地分离出纯镭，并分析出镭元素的各种性质，精确地测定了它的原子量。在同年的国际放射学理事会上，人们制定了以居里名字命名的放射性单位，同时采用了居里夫人提出的镭的国际标准。

1920年，一位美国记者访问居里夫人，问道："如果世界上所有的东西任你挑选，你最愿意得到什么？"

"我很想有1克纯镭来作研究，但它太贵了，我实在买不起。"居里夫人回答。

"您不是把价值百万法郎的镭送给了巴黎大学实验室吗？"女记者不解。

"那些镭不是我的，是属于实验室的。"

这位记者十分感慨，回到美国后写了大量文章介绍居里夫妇，并号召美国人民开展捐献，要赠给居里夫人1克镭。次年5月，美国总统在首都华盛顿亲自把这克镭转赠居里夫人。在赠送仪式的前夜，居里夫人坚持要求修改赠送证书上的文字，"美国赠送的这一克镭，应该永远属于科学，而不能成为我个人的私有财产。"

玩世不恭者，是一种恶棍：他的眼力不济，看见的是事物的现有面目，而看不见事物的应有面目。

——〔美〕安·比尔斯

愤世嫉俗是智能上的纨绔子弟作风。

——〔英〕梅瑞狄斯

我的孩子们，永远别轻视人，把地位比你高的人视为父亲；把你的伙伴视为兄弟；把比你低的人视为儿子。

——〔土耳其〕阿里·帕夏

愤世嫉俗是各种智力所共享的诱惑。

——〔法〕加缪

一个对小人物随随便便的人，对大人物却永远也不会随随便便的。

——［俄］屠格涅夫

有福不肯与人共享，有祸也不会有人同当。

——［古希腊］伊索

我们常常在我们认为绝不可能激怒别人时激怒别人。

——［法］拉罗什富科

人们将会在未来的岁月用微笑来报答你的每一滴泪珠的。

——［法］雨果

举止谦恭，这对上司是责任，对同事是礼貌，对下属则是高尚。

——［美］富兰克林

最优秀的上司是懂得晋升手下的人，而不是晋升他自己。

——［法］彼德

这种情况十分可怕：你想当个头儿，但回头一看，身后一个人也没有。

——［美］罗斯福

当我们自以为在领头的时候，正是被人牵着走得最欢的时候。

——［英］拜伦

没有哪个乐队指挥不是背对观众的。

——佚名

最好的部下应该既是人才又是奴才。人才有用却不好使，奴才好使却没有用。

——［法］彼德

在你有权有名望的时候，卑鄙的人是不敢抬起嫉妒的眼睛看你一眼的；然而，到了你一落千丈的时候，显示最大的毒辣的就是他们。

——［俄］克雷洛夫

我们宁愿重用一个活跃的侏儒，也不要一个贪睡的巨人。

——［英］莎士比亚

对别人表示关心和善意，比任何礼物都能产生更多的效果。

——［日］松下幸之助

故事连接

日本松下电器总裁松下幸之助有一次在一家餐厅招待客人，一行六个人都点了牛排。等六个人都吃完主餐，松下幸之助让助理去请烹调牛排的主厨过来，并特别强调说"不要找经理，找主厨。"助理注意到，松下幸之助的牛排只吃了一半，心想，一会儿的场面可能会很尴尬。

主厨来了，很紧张，因为他知道请自己的客人来头很大。"是不是牛排有什么问题？"主厨紧张地问。"烹调牛排，对你已不成问题，"松下说，"但是我只能吃一半。原因不在您的厨艺，牛排真的很好吃，您是位非常出色的厨师，但我已经80岁了，胃口大不如前了。"主厨与其他五位用餐者听完松下幸之助这番话，都困惑得面面相觑，大家过了好一会儿才明白过来。因为松下幸之助接着说道"我想当面和你谈，是因为我担心，当你看到只吃了一半的牛排被送回厨房时，心里会难过。"

这时，不仅主厨大受感动，同来的客人也更加佩服松下幸之助的人格，更喜欢与他做生意了。

不要总想着如何改变别人，应该一直努力改造自己。

——［日］原一平

只有为国家公益而进行的复仇才是正义的。

——［英］培根

你要懂得，异乡的面包有多么苦涩，上下别人家的楼梯有多么不自在。

——［意大利］但丁

各个国家离开野蛮生活或所谓自然状态越远，就越能认识理性的权利、自由的价值，也就越是滥用自由，越会把自由与叛乱、无法无天、肆无忌惮分别开来。

——［法］霍尔巴赫

伟大人物是国家的路标和界标。

——［英］埃德蒙·伯克

一个国家，如果没有民族性格，没有国民风貌，就不是生动活泼的有机体，而是机械的实验标本。

——［俄］别林斯基

国家的价值，简言之，就是组成国家之人民的价值。

——［法］米尔

只有吸引伟大头脑的或者重视教育的国家才能变得富裕。

——［美］胡安·恩里克斯

人无国王、庶民之分，只要国家和平，便是最幸福的人。

——［德］歌德

只有国家才是那个值得保护、值得关心、值得让你尽忠的东西。

——［美］马克·吐温

责任、荣誉、国家，这三个神圣的名词庄严地提醒你应该成为怎样的人，可能成为怎样的人，一定要成为怎样的人。它们将使你精神振奋，在你似乎丧失勇气时鼓起勇气，似乎没有理由相信时重建信念，几乎绝望时产生希望。

——［美］麦克阿瑟

主权国家保卫人民不受国外各种势力的侵略，它在国内也是保障人民生存安全的重要组织。

——［日］永井道雄

一个国家的形成要用一千年，而它的毁灭只需一朝一夕。

——［英］拜伦

国家的目的在于谋求公民的幸福。

——［德］黑格尔

一个国家如果不能勇于不惜一切地去维护自己的尊严，那么，这个国家就一钱不值。

——［德］席勒

你能使人离开他们的故乡，但你不能把故乡从他们的心中夺走。

——［美］多斯·帕索斯

除非你将你所得利益，设法与他人分享，否则你这一生都不会成功。

——［日］吉田忠雄

故事连接

拉链是美国人吉特逊发明的。据说，一次吉特逊的鞋带松了，他蹲下来，正在系鞋带的时候，忽然想到，鞋带每天都会松好几次，真是麻烦，有没有一种好办法来替代呢？经过两年多的研究，发明了拉链。拉链在日本，被称为有带子的纽扣，生产方式十分原始，完全靠人工装配，因此动不动就出故障。顾客退货、商店存货堆积如山是常有的事。

吉田忠雄本是日本一家陶瓷店的店员，因为二战，小店最终倒闭了。在帮老板清理店中遗留货物时，吉田忠雄意外发现一大批别人托为代销的拉链。这些拉链因为制作粗糙，品质低劣，长时间积压在店中，不少已经生锈损坏了。正是这些别人视之为破烂的东西，吉田忠雄却把它当作是未来的商机，他借来钱买下了这些拉链，开始了自己的创业。

1934年，吉田忠雄创办了专门生产销售拉链的三S公司，资金是他省吃俭用节省下来的350日元，而负债却有2070日元。吉田忠雄在大阪的拉链厂，利用订货的机会，了解到了拉链的制造过程。回来后，就潜心研究如何改进。就这样，经他修理而又卖出的拉链，几乎没有人再退回来，被工人们称为"神奇的拉链医生"。那些曾经堆积如山的退货拉链，经过吉田忠雄的妙手，全都作为三S牌拉链出售了，并且得到了"金锤拉链"的美称。三S公司就这样扩大起来，吉田忠雄不仅还清了债务，还兴建了一座新工厂，将三S改名为吉田工业公司。当年，日本实施战时经济体制，为了生产出更多的枪炮发动侵略战争，禁止国内工商界使用"铜"；而拉链却是以铜为主要原料的。吉田忠雄不甘心在事业刚刚起步时被政府封杀，经过反复试验，他决定改用铝做替代品，此后，又研制成一种硬度强、重量轻的铝合金拉链。受到广泛欢迎。吉田忠雄为他的公司重新命名为吉田兴业会社，简称"YKK"，日后闻名世界的拉链王国就此奠基。

吉田忠雄的生意越做越大，海外市场也随之开辟。随着日本与西欧、北美的贸易大战不断升级，颇有战略眼光的吉田忠雄把发展海外业务的策略定为利用当地廉价劳动力，在海外建厂生产，就地推销商品。这样生产出来的拉链便不再是所在国的进口商品，不仅降低了成本，巧妙地绕过了提高关税的关口，也不影响自己在当地的贸易。吉田忠雄把这称为是"把利益还给当地人，让当地人参与经营"。

与此同时，吉田忠雄还注重广告宣传。设在日本海滨城市黑部市的吉田公司展览馆，就是最好的宣传，那些五颜六色的拉链吸引着无数的参观者。无论你需要什么样的拉链，在这望都可以找到。展览馆每年都招待1000名顾客来参观，临别时，向每人赠送一件配有本公司拉链的纪念品，计小小的拉链也成为一种文化。

万物的生存均取决于自然力的竞争，而感情本身就是有生命的自然力。

——［英］蒲伯

高尚的竞争是一切卓越才能的源泉。

——［英］休谟

追求生命的竞争，占据了所有的生物，且维持着他们的活动。

——［德］叔本华

不要顾忌竞争，谁做事漂亮，他就能够在竞争中取胜。

——［美］亨利·福特

在人类生活中，竞争心是具有重大意义的东西。

——［印度］普列姆昌德

如果你们不努力上进，超过一般人，那么你们只有落在别人后边。

——［俄］列夫·托尔斯泰

人生的每一天都存胜负中度过，一切都以竞争形式出现。每天都是为在党争中取胜，或者至少不败给对方而进行奋斗。因此若有一天懈怠。便要落后，要失败。人生就是这样严峻。

——［日］大松博文

事无大小，人无高低，均在竞争中生存。当没有对立面时，人们甚至会造出一个对立面来与之竞争。

——［日］大松博文

不要去同那些没有任何东西可失去的人竞争。

——［西班牙］格拉西安

竞争制度是一架精巧的机构。通过一系列的价格和市场，发生无意识的协调作用。

——［美］保·萨缪而逊

优胜劣败，竞立争存。

——［中］梁启超

物竞天择势必至，不优则劣兮不兴则亡。

——［中］梁启超

良好的竞争心里，正当的竞争精神，这就是事业成功与督促个人向上的动力。

——［日］松下幸之助

若能借竞争刺激彼此进步，那么好的竞争对手是非常需要的。

——［日］松下幸之助

竞争是一个人愿意得到别人所有的一种烦恼。

——［古希腊］芝诺

好胜心，或者说得婉转点，是期望得到赞许和尊重，它根深蒂固地存在于人的本性中。

——［德］爱因斯坦

好胜心促上进心。

——佚名

不争不竞不成生意。

——佚名

有比较有鉴别，才能求生存求发展。

——佚名

好胜不是别的，就是我们所发生对于一物的欲望，其起因由于我们想象着其他与我同类的人，也具有同样的欲望。

——［荷兰］斯宾诺莎

彬彬有礼的风度，主要是自我克制的表现。

——［美］爱默生

礼貌经常可以替代最高贵的感情。

——［法］梅里美

礼貌不用花钱，却能赢得一切。

——［法］蒙田

礼貌使有礼貌的人喜悦，也使那些受人以礼貌相待的人们喜悦。

——［法］卢梭

怀着善意的人，是不难于表达他对人的礼貌的。

——［法］卢梭

有礼貌不一定总是智慧的标志，可是不礼貌总使人怀疑其愚蠢。

——［美］兰道尔

越伟大的人，越有礼貌。

——［英］丁尼生

粗暴无礼，是内心虚弱的人用来使自己显得貌似强大的手段。

——［美］埃里克·霍弗

礼貌像只气垫：里面可能什么也没有，但是却能奇妙地减少颠簸。

——［美］约翰逊

他的谈吐总是平易近人的，这种单纯既掩饰了他对某些事物的无知，也表现了他的良好风度和宽容。

——［俄］列夫·托尔斯泰

好脾气是一个人在社交中所能穿着的最佳服饰。

——［法］都德

一个人的礼貌，就是一面照出他的肖像的镜子。

——［德］歌德

有两种和平的暴力，那就是法律和礼貌。

——［德］歌德

有什么样的目的就有什么样的礼节。

——［古罗马］西塞罗

真正的礼貌就是克己，就是千方百计地使周围的人都像自己一样平心静气。

——［英］蒲柏

礼貌是儿童与青年所应该特别小心地养成习惯的第一件大事。

——［英］洛克

在人与人的交往中，礼仪越周到越保险，运气也越好。

——［美］托·卡莱尔

为人粗鲁，意味着忘却了自己的尊严。

——［俄］车尔尼雪夫斯基

生活里最重要的是有礼貌，它比最高的智慧，比一切学识都重要。

——［俄］赫尔岑

如果把礼仪看得比月亮还高，结果就会失去人与人之间真诚的信任。

——［英］培根

和蔼可亲的态度是永远的介绍信。

——［英］培根

礼仪是微妙的东西。它既是人们交际所不可或缺的，又是不可过于计较的。

——［英］培根

脾气暴躁是人类较为卑劣的天性之一，人要是发脾气就等于在人类进步的阶梯上倒退了一步。

——［英］达尔文

即使非亲非故，殷勤好客仍是至关重要。

——［美］狄更斯

当你思考准备说什么的时候，就做出一副彬彬有礼的样子，因为这样可以赢得时间。

——［美］卡罗尔

最有价值的礼物蕴含着温馨的人际关系的本质，如果有金钱和财力这一世俗的价值掺杂进来，礼物的本质就会褪色。

——［韩］金大中

交友期间，尽量少送礼物，少花钱，一方面表明你的恋爱观念及物质关系极少牵连，另一方面也是考验对方。

——［中］傅雷

我把小小的礼物留给我所爱的人——大的礼物留给所有的人。

——［印］泰戈尔

要想令女人满足，还可以考虑赠送毫无用处的礼物……一些看似毫无价值，毫无用处的东西也能令女人乐不可支。

——［日］樱井秀勋

有钱人给你送礼，礼再重你也会觉得很轻；没钱人给你送礼，礼再轻你也觉得很重。

——［中］吴尘

说是要送给我钱别的礼品——现在的我，即使收到一张纸的礼物，也会感到无比高兴——但终于没有看到他践约。

——［日］河上肇

最好的礼物不一定是最贵重的，而是别人急需却又一时无法获得的。

——［中］汪国真

礼物有可受和不可受之分，受不可受之礼为贪，拒不可受之礼是廉。

——［中］汪国真

礼物并不代表友谊，那一点点礼物只好解馋并不解饿，只好算是原有好友谊的一点儿具体表现。

——［中］梁实秋

捎去一份友谊的礼物，捎去一声轻轻的祈祷，这吉祥的时空，感应着我们心灵的合唱。

——［中］韩石山

造物主赠送礼物慷慨大方的，但他从不会铺张浪费。

——［美］塞缪尔·斯迈尔斯

仁慈和善意并不体现在礼物上.而在于一个善良而诚挚的心。

——［美］塞缪尔·斯迈尔斯

不要用礼物购取朋友，因为当你停止给予，友情就会消失了。

——［英］富勒

人的社交根本不是本能，也就是说，并不是为了爱社交，而是为了怕孤独。

——［德］叔本华

进入社交界以后，千万不能被任何事情冲昏头脑，遇事要小心提防，特别要提防最讨我欢心的事。

——［法］巴尔扎克

广交之道，就在于尽量多方面地开动脑筋，在多才多艺，不偏一隅的原则下，广事交际。

——［日］福泽谕吉

知识使人变得文雅，而交际能使人变得完善。

——［英］富勒

假如你要别人同意你的原则，就先使他相信：你是他的忠实朋友，用一滴蜜去赢得他的心，你就能使他走在理智的大道上。

———［美］林肯

人类的脆弱，使我们进入社交圈，共同的不幸，使我们的心互相联结在一起。

———［法］卢梭

交际越是广泛，越是感到幸福，这就是人类社会的成因。

———［日］福泽谕吉

比之处在一群愚蠢而讨厌的伴侣中，倒还不如独自一人更好些。

———［法］蒙田

如果你要别人喜欢你，或是改善你的人际关系；如果你想帮助自己也帮助别人，请记住这个原则：真诚地关心别人。

———［美］卡耐基

如果你把自己的思想隐藏起来，却想去了解对方的一切，那是办不到的。

———［日］大松博文

外倾性格的人容易得到很多朋友，但真朋友总是很少的，内倾者孤独，一旦获得朋友，往往是真的。

———［中］罗兰

得一知己，把你整个的生命交托给他，他也把整个生命交托给你。

———［法］罗曼·罗兰

事实上世界里还是有朋友的，不过虽然无需打着灯笼去找，却是像沙里淘金而且还需长时间地洗练。

———［中］梁实秋

过分了解或者过分不了解，同样妨碍彼此的接近。

———［俄］列夫·托尔斯泰

雪中送炭，贵在真送炭，而不是语文劝慰。炭不贵，给的人可真不多。

———［中］三毛

跟一位新知没有共尝三斗盐以前，你不可轻易相信他，只有时间能确定相处的关系怎样。

———［德］歌德

交朋友的方法是自己要是一个朋友。

——［美］卡耐基

要把同道的人当作朋友，而不必把同利的人当作朋友。

——［中］罗兰

读书可以广智，宽恕可以交友。

——［中］罗兰

要首先引起别人的渴望，凡能这么做的人，世人必与他在一起，这种人永不寂寞。

——［美］卡耐基

当你能以韶达光明的心地去宽容别人的错误时，你的朋友自然多了。

——［中］罗兰

单身的人容易交朋友，因为他的情感无所寄托，漂泊流离之中最需要一个一倾积愫的对象了。

——［中］梁实秋

对事业有帮助的不是大学里念的书。而是交上的朋友。

——［美］刘易斯

选择一条喜爱的思想路线很容易，但是创造一个由知心朋友构成的、称心的生活圈子却非常困难。

——［苏］高尔基

青年要主动地去寻找朋友，结交朋友，同时应当把和朋友互相正确地学习和启发当作最高的价值。

——［日］池田大作

假使爱女人，应当爱及女人的狗。那么，真心结交朋友，应当忘掉朋友的过失。

——［中］钱钟书

要么相信上帝，要么相信魔鬼，就是别又信上帝又信魔鬼。一个好的坏蛋比一个坏的正人君子强。

——［苏］高尔基

呼朋引伴，要看自己的本钱。招蜂引蝶，甜蜜必然不够用。

——［中］三毛

人们完全不相同的时候，就成了朋友。

——[俄]列夫·托尔斯泰

即使开始怀有敌意的人，只要自己抱着真实和诚意去接触，就一定能换来好意。

——[日]池田大作

我们同事之间怎样能加强友爱，增进友谊呢？最重要的是待人的态度。……那就是都应该诚恳、和蔼、虚心。

——[中]邹韬奋

一个人在其人生道路中如果不注意结识真交，就会很快感到孤单。先生，人应当不断地充实自己对别人的友谊。

——[美]塞缪尔·约翰逊

然而交友也是最难不过的，如其说交不得好友，宁可抱残守缺，专去和自然接触晤对了。

——[中]冰心

朋友是不分国籍，不限年龄，不拘性别的。

——[中]冰心

与优秀的人交往总是会使人自己也变得优秀。

——[美]塞缪尔·斯迈尔斯

最有效的结交朋友的窍门是对别人真心诚意。

——[美]卡耐基

交友的范围宜稍宽泛，各种人都有最好，不必限于自己同行同趣味的。

——[中]朱光潜

一个人倒霉至少有这么一点好处：可以认清谁是真正的朋友。

——[法]巴尔扎克

人是应该兴旺的，一旦走下坡路，就不存在朋友。

——[古希腊]欧里庇得斯

受惠的人，必须把思虑常藏心底，但是施恩的人则不可记住它。

——[古罗马]西塞罗

若知四海皆兄弟，何处相逢非故人。

——[中]陈刚中

抛弃一个真诚的朋友，犹如抛弃你的生命。

——［古希腊］索福克勒斯

助人为乐的人确实有。不过只有毫无嫉妒之心、能衷心祝愿你幸福的人，才堪称真正的朋友。

——［德］海涅

"应该给对方一个台阶下，永远避免跟别人正面冲突。"

——［美］戴尔·卡耐基

故事连接

美国著名教育家戴尔·卡耐基经历过这样一件事：

在一次宴会上，某客人引用了"谋事在人，成事在天"的格言，并说此话出自《圣经》。卡耐基说那客人错了，此话出自莎士比亚的戏剧。那客人一听，很不高兴，便与卡耐基争辩起来。当时卡耐基的老朋友弗兰克·格蒙也在座，而且弗兰克是研究莎士比亚的专家。卡耐基便向弗兰克请教，弗兰克却在桌子底下踢了他一脚，说："你错了，这位客人是对的，这句话出自《圣经》。"

后来，在回家的路上，卡耐基很不服气地说："那句格言明明出自莎士比亚的戏剧嘛。"

"当然，是出自莎士比亚的《哈姆雷特》第五幕第二场。可是为什么非要去证明他错了呢？那样会使他喜欢你吗？我们大家都是宴会上的客人，为什么不给他留点面子呢？"弗兰克说，"他并没问你的意见啊！他不需要你的意见，为什么要跟他抬杠？应该给对方一个台阶下，永远避免跟别人正面冲突。"

"应该给对方一个台阶下，永远避免跟别人正面冲突。"说这句话的人已经辞世了，但卡耐基受到的这个教训仍长存不灭。这是卡耐基最深刻的教训，因为他从小是个积重难返的杠子头。小时候他和哥哥，为天底下任何事物都抬杠。进入大学，卡耐基选修了逻辑学和辩论术，也经常参加辩论赛。从那次之后，卡耐基听过、看过、参加过数以千次的争论。这一切的结果，使他得到一个结论：天底下只有一种能在争论中获胜的方式，那就是避免争论。

第六篇

◆ 社会、交际

卡耐基还指出，大多数情况下，争论的结果会使双方比以前更相信自己绝对正确。谁也赢不了争论。要是输了，当然也就输了；即使赢了，但实际上你还是输了。为什么呢？如果自己的胜利使对方的论点被攻击得千疮百孔，证明他一无是处，那又怎么样？尽管你会感到扬扬自得；但他可能会自惭形秽，你伤了他的自尊，他会怨恨你的胜利。而且一个人即使口服，但心里并不服。

本杰明·富兰克林说："如果你老是抬杠、反驳，也许偶尔能获胜，但那只是空洞的胜利，因为你永远得不到对方的好感。"威尔逊总统在任时的财政部长威廉·麦肯罗以多年政治生涯获得的经验，总结了一句话："靠辩论不可能使无知的人服气。"

"无知的人？"麦肯罗的话有点片面。其实，不论对方才智如何，都未必能靠辩论改变他的想法。

拿破仑的家务总管康斯坦在《拿破仑私生活拾遗》中曾写到，他常和约瑟芬打台球，拿破仑说："虽然我的技术不错，我总是让她赢，这样她就非常高兴。"

释迦牟尼说："恨不消恨，端赖爱止。"强争疾辩不可能消除误会。而只能靠技巧、协调、宽容以及用同情的眼光去改变别人的观点。

有一次林肯斥责一位和同事发生激烈争吵的青年军官，他说："任何决心有所成就的人，绝不会在私人争执上耗时间，争执的后果，不足他所能承担得起的。而后果包括发脾气、失去自制。要在跟别人拥有相等权利的事物上，多让步一点；而那些显然是你对的事情，就让得少一点。与其跟狗争道，被它咬一口，不如让它先走。因为，就算宰了它，也治不好你的咬伤。"

1929年，卡耐基来到上海。一天，他到一家豪华餐馆，见餐桌上摆放的中式餐具古色古香，体现了中国民族特色，感到特别惬意。这样的餐具，也同时吸引了其他外国顾客的眼球。一位外宾用完餐，对那双景泰蓝筷子爱不释手，于是就趁人不备。把它装进自己的口袋。

外宾的举动被一位女服务员发现了，只见她快步走来，很友好地说："谢谢光临。顾客的满意是本店的荣幸，我发现有的顾客对这里的餐具很感兴趣，如果哪位顾客想买回去留做纪念的话，请与本店工艺品销售部联系，那里有更加精致卫生的工艺品奉献给各位。"

老外一听，感到有台阶下，愉快地从口袋里掏出那双筷子说："我见贵国的筷子太精致了，就情不自禁地把它收了起来。我真的非常喜欢它。"说完，他高兴地到销售部订购了一套餐具。

卡耐基称赞道："那位中国服务员说话得体，在揭穿别人过失时，能给对方一个很好的台阶下，从而避免了争论，乃至更大的矛盾。"

在没有人与人交接的场合，我充满了生命的欢悦。

——［中］张爱玲

初次的交谈永远仅仅是一次探测。要先将一个精神世界的地图研究透彻才能从中通行。

——［法］莫洛亚

一个知己就好像一面镜子，反映出我们天性中最优美的部分来。

——［中］张爱玲

交际是人生的一大乐趣。

——［英］西·史密斯

替别人做点事，又有点怨，活着才有意思，否则太空虚了。

——［中］张爱玲

交往是一种循环往复的游戏。

——［美］爱默生

如果说是社交教会了我们怎样生活，那么该是孤独教会我们怎样去死了。

——［英］拜伦

交上了坏朋友的人，是难以得到世人的敬重的。

——［俄］克雷洛夫

我们所知道的最好、最可靠、最有效而又最无副作用的兴奋剂是社交。

——［美］爱默生

每个人都知道别人在评判自己时会出误差，而没有意识到自己在评判别人时也会出误差。

——［法］莫洛亚

社交的秘诀，并不在于讳言真实，而是在讲真话的同时也要不激怒对方。

——［日］获原塑太郎

理性和语言是人类交往过程中的纽带。

——［古罗马］西塞罗

当你对一个人说话时，看着他的眼睛；当他对你说话时，看着他的嘴。

——［美］本杰明·富兰克林

当志趣相同的人聚在一起时，交情也就始了。

——［美］爱默生

自从世界上出现人类以来，相互交往就一直存在。

——［法］伏尔泰

你伤害过谁，也许早已忘了。可是被你伤害的那个人永远不会忘记你。他决不会记住你的优点。

——［美］卡耐基

社交犹如空气，人离不了它，但光靠它来维持生命也是不够的。

——［美］桑塔亚那

孤独有时是最好的交际，短暂的索居能使交际更甜蜜。

——［英］弥尔顿

相熟的人表现出恭而敬之的样子总是叫人感到可笑。

——［德］歌德

知无不言在社交中肯定会给你带来危害；但一张坦率的嘴比一千张请帖还要管用。

——［英］洛·史密斯

俗话说，即便是病人，聚在一起也比独处要轻松。

——［俄］屠格涅夫

信任少数人，不害任何人，爱所有人。

——［英］莎士比亚